ILUSTRACIONES INOLVIDABLES

HISTORIAS, CUENTOS Y ANÉCDOTAS PARA AQUELLOS QUE HABLAN EN PÚBLICO

WAYNE RICE

La misión de Editorial Vida es ser la compañía líder en comunicación cristiana que satisfaga las necesidades de las personas, con recursos cuyo contenido glorifique a Jesucristo y promueva principios bíblicos.

ILUSTRACIONES INOLVIDABLES
Edición en español publicada por
Editorial Vida — 2010
Miami, Florida

©2010 por Youth Specialties, Inc

Originally published in the USA under the title:
Hot Illustrations for Youth Talks
Copyright © 1994 by Youth Specialties, Inc.
Translation copyright © 2010 by Wayne Rice
Translated by Eliezer Ronda Pagán
Published by permission of Zondervan, Grand Rapids, Michigan.

Traducción: *Eliezer Ronda Pagán*
Edición: *José Ruiz*
Diseño interior: *Mirelys Ocasio*
Diseño de cubierta: *Eli Samuel Santa*

RESERVADOS TODOS LOS DERECHOS. A MENOS QUE SE INDIQUE LO CONTRARIO, EL TEXTO BÍBLICO SE TOMÓ DE LA SANTA BIBLIA NUEVA VERSIÓN INTERNACIONAL. © 1999 POR BÍBLICA INTERNACIONAL.

ISBN: 978-08297-5669-2

CATEGORÍA: Ministerio cristiano / Juventud

IMPRESO EN ESTADOS UNIDOS DE AMÉRICA
PRINTED IN UNITED STATES OF AMERICA

10 11 12 13 ❖ 7 6 5 4 3 2 1

CONTENIDO

Colaboradores 5
Introducción 6
Cómo seleccionar y utilizar
estas ilustraciones 8
Alejandro Magno 14
Una Respuesta a la Oración 15
Obediencia Imponente 16
El Buque de Guerra y el Faro 17
El Oso en la Cueva 18
La Bella y la Bestia 19
La Picadura de Abeja 20
Cuidado con Curare 21
Grandes Aventuras 22
La Gran Roca 23
La Cita a Ciegas 24
Los Hombres Ciegos y el Elefante 25
La Sangre de un Vencedor 27
El Barco en el Escaparate 28
El Conejo de Bonny 29
Nacidos para Volar 30
La Botella 31
Comprados para Ser Libres 32
El Niño y el Circo 34
El Revuelto de Brandon 35
Atrapados en una Tormenta de Nieve 37
La Gallina y el Cerdo 38
Escogiendo a María 39
El Payaso del Circo 42
El Precipicio 43
El Ataúd 45
Regresando a Casa 47
La Gracia Computadorizada 48
El Ladrón de Galletas 49
Canicas Mortales 50
El Mercader de Diamantes 51
La Polilla Emperatriz 52
Esquimales Cazalobos 53
Excusas, Excusas 54
Afrontar las Consecuencias 56
Termina la Carrera 57
Formación en V 58
Los Magníficos Wallendas 59
Huellas en la Arena 60
Francia, 1943 61
Proclamando la Palabra 62
El Guante 63
El Mejor Bateador del Mundo 64
Las Carreras de Galgos 65

El Dependiente de la Tienda de Comestibles 66	La Reina de Inglaterra 102
El Fuego de Aníbal 67	Verdaderos Amigos 103
El Regalo del Ermitaño 68	Las Roscas Invertidas 104
El Irremediable Partido de Béisbol 70	Decisiones Correctas 106
Cómo Atrapar a un Mono 72	Rodolfo y Olivia 107
La Reclamación de Seguro 73	El Secreto 108
Jesús y el Equipo de Fútbol 75	Afila Tu Hacha 110
El Lío en la Joyería 76	El Joven Más Inteligente del Mundo 111
El Rompecabezas 77	La Mujer de Sociedad 112
El Candidato 78	Sparky, el Perdedor 113
La Sarna de Kebbitch 79	La Tentativa de Suicidio 115
El Beso 81	Teddy y la Señorita Thompson ...116
Parto de Ovejas en Nueva Zelanda 82	Telémaco Va a Roma 119
Poniendo Ladrillos o Construyendo Catedrales 83	Termómetros y Termostatos 120
El Bote Salvavidas 84	Tomás Edison, el Fracasado 121
La Estación Salvavidas 86	Las Tres Hilanderas 122
La Niña y el Piano 88	La Cuerda Floja y la Carretilla 125
Salto de Longitud 89	Demasiados Maquinistas 126
Perro Perdido—Recompensa $50 90	Tractor de Competición 127
Con Amor, Julie 91	La Merienda de las Tortugas 128
El Espejo 92	Determinación Intransigente 129
Una Noche en la Casa Encantada 94	El W.C. 130
No Tiene Mucho de Hombre 95	Ya Te Avisaremos 131
La Refinería de Petróleo 96	¿Qué Vida? 132
Eliminado en el Plato 97	¿Cuándo Muero Yo? 133
El Cuadro de la Última Cena 98	La Ventana 134
Pepe Rodríguez 100	Riegels, Vas en Sentido Contrario 136
El Príncipe de Granada 101	Tú También Puedes Ser Hermosa 137
	Índice Temático 138

COLABORADORES

Greg Miller
Tractor de Competición

Chuck Workman
El Buque de Guerra y el Faro
Cuidado con Curare
Grandes Aventuras
El Fuego de Aníbal

R. Davidson (Dave) Guild
Comprados Para Ser libres

Toby Wilson
Esquimales Cazalobos
¿Cuándo Muero Yo?

Paul Warton
Formación en V
Afila Tu Hacha

Scott Hamilton
Regresando a Casa

Skip Seibel
No Tiene Mucho de Hombre
Determinación Intransigente

Jeff Mugford
¿Qué Vida?

Doug Roller
Una Noche en la Casa Encantada

Chap Clark
El Revuelto de Brandon
Excusas, Excusas
Rodolfo y Olivia

Rick Bundschuh
La Gran Roca
Canicas Mortales
Francia, 1943
El Bote Salvavidas

Tony Campolo
El Payaso del Circo
La Refinería de Petróleo
Teddy y la Señorita Thompson

Len Kageler
La Gracia Computadorizada
El Dependiente de la Tienda de Comestibles

Les Christie
Alejandro Magno
La Picadura de Abeja
La Sangre de un Vencedor
El Barco en el Escaparate
La Botella
El Ataúd
La Polilla Emperatriz
Termina la Carrera
Los Magníficos Wallendas
La Reclamación de Seguro
El Rompecabezas
El Espejo
Eliminado en el Plato
El Cuadro de la Última Cena

Pepe Rodríguez
El Príncipe de Granada
La Reina de Inglaterra
La Mujer de Sociedad
Telémaco Va a Roma
Termómetros y Termostatos
Demasiados Maquinistas

Mark Jevert
Obediencia Imponente
Los Hombres Ciegos y el Elefante
Afrontar las Consecuencias
Proclamando la Palabra
El Candidato

Ray Johnston
Una Respuesta a la Oración
Sparky, el Perdedor
Ya Te Avisaremos

Dewey Bertolini
La Bella y la Bestia
Jesús y el Equipo de Fútbol

Jim Burns
Nacidos para Volar
El Mejor Bateador del Mundo
El Cuadro de la Última Cena
La Tentativa de Suicidio

INTRODUCCIÓN

El profeta Natán era el orador invitado. El rey David era la audiencia. Natán tenía un mensaje del Señor para David, y siendo el gran comunicador que era, él comenzó con una historia:

Dos hombres vivían en un pueblo. El uno era rico, y el otro pobre. El rico tenía muchísimas ovejas y vacas; en cambio, el pobre no tenía más que una sola ovejita que él mismo había comprado y criado. La ovejita creció con él y con sus hijos: comía de su plato, bebía de su vaso y dormía en su regazo. Era para ese hombre como su propia hija. Pero sucedió que un viajero llegó de visita a casa del hombre rico, y como éste no quería matar ninguna de sus propias ovejas o vacas para darle de comer al huésped, le quitó al hombre pobre su única ovejita. (2 Samuel 12:1-4)

La historia, por supuesto, captó toda la atención del rey David. Él se la tomó en serio y respondió con desgarradora emoción: «¡Tan cierto como que el Señor vive, que quien hizo esto merece la muerte!». Acierto absoluto. Natán no necesitó añadir mucho más a su mensaje. Todo lo que tuvo que hacer fue aplicar la historia a su audiencia: «¡Tú eres ese hombre!».

Natán sabe lo que cada buen orador y maestro sabía: una imagen vale más que mil palabras. Una ilustración cautivadora elegida cuidadosamente y utilizada hábilmente comunica más, es recordada por más tiempo, y tiene más impacto que mil palabras que aunque sean verdaderas e importantes, en realidad son abstractas y no comunican la historia.

Jesús también conocía el valor de una historia. Él hablaba en parábolas. De hecho, en Mateo 13:34 Jesús nunca habló sin utilizar una parábola. Él rociaba constantemente sus mensajes con historias e ilustraciones para hacer comprender a sus oyentes lo que quería decir. Jesús sacaba sus ilustraciones de la vida cotidiana del Medio Oriente, y con ellas describía a granjeros y a sus familias, a ovejas y cabras, a granjas y trigales. La gente estaba maravillada con su enseñanza.

Lamentablemente, la palabra «sorprendente» no es la palabra comúnmente utilizada por los adolescentes para describir a oradores y a maestros de la iglesia

ILUSTRACIONES INOLVIDABLES

actual. La palabra «aburrido» parece estar más de moda. Sin embargo, algunos oradores populares sí saben cómo comunicarse bien con los jóvenes, e invariablemente utilizan historias e ilustraciones de una manera eficaz en sus discursos.

Ilustraciones Inolvidables es una selección de historias que han sido eficazmente utilizadas en discursos a jóvenes por oradores populares. Yo mismo también he utilizado muchas de ellas. Todas estas historias pueden ser utilizadas con niños si son debidamente seleccionadas y comunicadas con convicción y propósito.

Esto no es una colección exhaustiva de ilustraciones para discursos de jóvenes. Los libros que afirman ser exhaustivos son por lo general tan grandes que son difíciles de utilizar. Uno de los libros en mi estante contiene alrededor de ocho mil ilustraciones. Pero sinceramente, me cuesta trabajo encontrar una buena ilustración en ese libro cuando la necesito. Mi meta con este libro es ofrecer calidad en vez de cantidad.

La tarea de seleccionar y utilizar las ilustraciones es algo subjetivo y personal; lo que puede servirte a ti, puede que no me sirva a mí (y viceversa). Aun así, este libro te ofrece una colección de ilustraciones que te recomiendo sin reservas. Mucho tiene que ver con la calidad de las personas que han colaborado con la producción de este libro (sus nombres figuran en las página 5). Las buenas ilustraciones son extremadamente valiosas y difíciles de encontrar. Muchos oradores prefieren reservárselas para sí mismos. Es por esto que estoy agradecido con los que voluntariamente han colaborado compartiendo algunas de sus mejores ilustraciones con nosotros.

CÓMO SELECCIONAR Y UTILIZAR ESTAS ILUSTRACIONES

Intenta apuntar a tu objetivo

Lo más importante que hay que recordar al utilizar las ilustraciones de este libro es que son solamente ilustraciones y no el mensaje que ha de comunicarse. En otras palabras, no elabores tu discurso en base a estas u otras ilustraciones. Comienza con el mensaje (la verdad) que deseas comunicar, y posteriormente busca o crea la ilustración que apoya a ese mensaje.

Un niño recibió un arco y flechas de su padre e inmediatamente salió afuera para utilizarlo. Unos minutos más tarde, su padre salió y vio que el niño había disparado sus flechas a varios objetivos colocados en el perfil de la valla. Cuál fue su sorpresa al ver que cada flecha había dando en el blanco. El padre estaba impresionado y le dijo a su hijo: «¡No sabía que eras tan buen franco tirador!». El niño respondió: «Sí claro, fue fácil. Primero disparé las flechas y después coloqué los objetivos alrededor de las mismas».

Cuando uno utiliza ilustraciones simplemente porque son buenas ilustraciones, lo que hace es colocar objetivos alrededor de sus flechas. Comienza a planificar tu discurso decidiendo cuál es el mensaje (objetivo). Mejora el discurso con una ilustración solamente si logra comunicar el mensaje de una manera más eficaz. Ten en cuenta que se necesitan diferentes flechas para dar a los diferentes objetivos. De la misma forma, sé selectivo para llenar tu aljaba con ilustraciones.

Con cada ilustración en este libro, he sugerido uno o dos puntos que pueden ser apoyados por la ilustración. Cada ilustración tiene múltiples aplicaciones. En la página 138 figura una lista general de temas que te ayudará a seleccionar las ilustraciones con mayor facilidad.

No abuses de las ilustraciones

Algunos puntos son tan obvios que no necesitan una ilustración como tal.

La verdad contenida en la frase anterior puede que no sea tan obvia, así que la voy a ilustrar. Imagínate que apareciese delante de un grupo y dijera: «Dios es bueno». La verdad de esa declaración puede que no sea clara para algunas personas, así que la ilustraría con una historia, ejemplo o analogía que cree una imagen en las mentes de los oyentes que describa exactamente lo que quiero decir cuando digo que «Dios es bueno». Por otro lado, si la temperatura de la habitación es de cuarenta grados, y le digo al grupo: «La habitación está fría», entonces probablemente no necesite ilustrar la verdad de la declaración con una historia de alguien que se congeló hasta morir. Mi audiencia no es tonta; saben a lo que me refiero. La declaración es evidente. La ilustración tan solo extendería el punto.

Igual que uno debe utilizar ilustraciones solamente cuando sea necesario, utiliza las ilustraciones con moderación. Una buena ilustración por punto

es suficiente. La gente recuerda una ilustración y puede ponderar en ella por algún tiempo. Tú puedes recordar, por ejemplo, el buen chiste que te contó tu amigo durante el almuerzo, y posiblemente también se lo cuentes a otros amigos. En cambio, si tu amigo te cuenta dos chistes, cuando hayas acabado de reírte del segundo chiste es posible que te hayas olvidado del primero.

El recordar ilustraciones funciona de la misma manera. Si utilizas dos o más ilustraciones, una tras la otra en el mismo discurso, es muy probable que tu audiencia las olvide rápidamente. Recientemente escuché a un orador utilizar veinte o más ilustraciones en una noche. Aunque fue entretenido, al terminar no podía recordar ni una de sus ilustraciones. Más aun, no podía recordar el punto de ninguna de ellas.

Escoge sabiamente tu ilustración. Presenta tu punto e ilústralo bien, y entonces prosigue a otro punto, o simplemente para. No acumules ilustración sobre ilustración sobre el mismo punto. El utilizar ilustraciones es como darle a un clavo con un martillo: cuando el clavo está completamente clavado, deja de darle o vas a hacer marcas en la madera. Algunos oradores dejan marcas en sus audiencias por estar sobre ilustrando sus puntos.

No sobre apliques tus ilustraciones

Las audiencias se sienten insultadas cuando el orador piensa por ellos. Puedes ayudar a tu audiencia a entender el punto que quieres comunicar proclamándolo de la manera más simple posible, tal como el profeta Natán hizo. Por otro lado, si Natán no hubiese hecho la ilustración cuando lo hizo, es posible que David, después de pensar en la historia por un rato, hubiese descubierto su significado por sí mismo. La ilustración de Natán incluso nos habla a nosotros hoy día cuando no limitamos su aplicación solamente al pecado de David.

Jesús hablaba con frecuencia en parábolas e historias sin aportar explicación alguna. Él permitía a su audiencia pensar en ella por un tiempo y que la comentaran entre sí. Los propios discípulos de Jesús estaban sin duda estimulados a aprender al tener que ponderar el significado de las parábolas. Por supuesto, nosotros también nos beneficiamos de la estrategia del Maestro Principal.

Utiliza las ilustraciones estratégicamente

La razón primordial para utilizar una ilustración es comunicar un punto, pero las ilustraciones pueden tener otro propósito también. Puedes utilizar una ilustración estrictamente con el propósito de cautivar la atención del grupo, por ejemplo, o con el propósito de proveer un cambio en el ritmo del discurso para hacerlo más interesante.

Siempre me asombra ver cómo una audiencia que se va durmiendo, juega con pedazos de papel, o susurra entre sí de repente se torna alerta cuando el orador comienza a contar una historia. Como si se tratase del momento oportuno, todas las miradas se levantan y se centran en el orador. Todo se torna silencioso, y el orador tiene la atención unilateral. Lamentablemente, cuando la historia acaba, todos vuelven a hacer lo que estaban haciendo. Un buen orador evita esto haciendo que su aplicación sea tan conmovedora (sin utilizar la palabra conmovedora) e interesante como la propia historia. Una ilustración propiamente seleccionada provoca que la audiencia se mantenga «alerta» para descubrir cuál es el punto.

Las ilustraciones también pueden ser utilizadas para preparar uno de los puntos que el orador está a punto de ofrecer. En otras palabras, la ilustración puede que no comunique mucha verdad por sí misma, pero puesto que es interesante o graciosa y sirve como un rompe hielo, permite que el orador prosiga al punto que desea comunicar. Los chistes son, por su puesto, útiles para ese propósito. He utilizado la ilustración «La Cita a Ciegas» (página 24) en muchas ocasiones para hablar sobre autoimagen o citas. Un chiste en sí, no debe de tomarse en serio. Como muchas otras ilustraciones, necesitas asociarlo al propósito principal. La ilustración debe desempeñar una función válida.

Aunque las ilustraciones pueden ser utilizadas para captar la atención del grupo o para hacerles reír, si esas son las únicas razones por las que se utilizan, la audiencia llega a frustrarse y a aburrirse. Así como el niño que gritó «¡Lobo!» cuando no había ningún lobo, con el tiempo las audiencias se cansan de los oradores que no aportan ningún contenido a sus mensajes.

En una actividad reciente escuché a un conocido autor cristiano muy popular en los congresos de jóvenes utilizar una docena de chistes, historias e ilustraciones. Aunque algunas de las ilustraciones eran entretenidas, su discurso no tenía conexión alguna y nunca llegó a ningún sitio. El orador nunca tuvo un punto que comunicar, o si lo tuvo, nunca lo desarrolló para que la audiencia pudiese recordar cuál era. Habló por espacio de una hora, y a pesar de que el orador era extremadamente cómico en algunos momentos, se notaba que la audiencia ya había tenido bastante y se querían marchar. Concluí que este orador básicamente era una persona insegura cuyo interés primordial no era comunicar el mensaje, sino caerle bien a la audiencia. Él invirtió todo su tiempo intentando entretener a la gente en lugar de ayudarla. Eso está bien para un comediante profesional, pero no para alguien que desea ser tomado en serio.

Escoge la ilustración correcta

Ni que decir tiene que no debes utilizar una ilustración que no sea correcta para ti o para tu audiencia. Algunas de las ilustraciones en este libro deben ser comunicadas con un instinto dramático o con algo de sentido del humor, por ejemplo. Si tienes dificultad en ser dramático o cómico, probablemente será mejor que evites esas ilustraciones. Al considerar las ilustraciones, pregúntate: *¿Cuán cómodo me voy a sentir utilizando esta? ¿Es para mí?*

Recuerdo intentar hacer imitaciones de Bill Cosby cuando era más chico. Prácticamente hice el ridículo. ¿Por qué era Bill Cosby tan cómico y yo tan fracasado con las mismas rutinas? Porque yo no soy Bill Cosby. Yo no puedo ser otra persona sino yo mismo. Cuando le hablo a los niños, limito mis ilustraciones a aquellas con las que me siento cómodo, es decir, las que puedo comunicar con credibilidad y convicción. Posiblemente descubras que algunas ilustraciones en este libro te sean difíciles de comunicar en esta forma. Mantente alejado de ellas.

Por otra parte, hay una buena cantidad de ilustraciones que puedes utilizar eficazmente. Una vez selecciones la ilustración, practícala hasta que te sientas cómodo con ella y la puedas presentar de manera convincente. Memorízala si es necesario. No hay nada peor que presentar una ilustración que no tenga sentido porque te hayas olvidado de una parte importante. Yo lo sé; he cometido ese error en más de una ocasión. He empezado a relatar una ilustración solo para descubrir que he olvidado la parte que hace que la ilustración tenga sentido. Es difícil retroceder y salvar el punto.

Algunas de las ilustraciones en este libro están hechas para ser leídas a la audiencia, como por ejemplo «La Reclamación de Seguro» en la página 73. Si deseas, fotocopia la ilustración y llévala contigo en vez de leerla directamente del libro.

Considera tu audiencia

No todas las ilustraciones son apropiadas para todas las audiencias. Aunque las ilustraciones en este libro fueron seleccionadas porque son, por regla general, eficaces para con los adolescentes, eso no significa que sean relevantes solamente a los adolescentes. Lo que significa es que los adolescentes las entienden y pueden conocer el punto si comunicas la historia bien.

La mayoría de las ilustraciones en este libro son historias, porque los adolescentes aman las historias, en particular aquellas que tienen una lección que enseñar. Los jóvenes disfrutan de hacer la conexión entre una ilustración concreta y una idea abstracta. Para muchos jóvenes, el dar un salto mental es algo nuevo y una experiencia emocionante, lo que hace que la ilustración sea una excelente herramienta para comunicarse con este grupo.

Los niños también aman las historias, pero no han desarrollado la habilidad intelectual para entender el lenguaje metafórico o simbólico. Es difícil para ellos entender el significado de una alegoría o parábola.

Una vez utilicé «El Guante» (página 63) en un sermón para niños. Demostré cómo un guante no tiene sentido hasta que pongo mi mano adentro. «De la misma forma», les explicaba a los niños, «no puedo hacer nada si no tengo a Cristo. Soy como un guante, y Jesús es como la mano. ¡Con Cristo dentro de mí, puedo hacer cualquier cosa que me pida!» Después del culto les pregunté a varios niños qué es lo que habían aprendido del mensaje. «Un guante no es útil», mencionó un niño, «hasta que no pongas la mano dentro». Qué se le va hacer. Los jóvenes y los adultos, sin embargo, comentaron lo tremendo que les pareció el sermón para los niños. Al menos entendieron el punto.

Personaliza tus ilustraciones

Las ilustraciones son más efectivas si las personalizas. Si estás contando «Los Magníficos Wallendas» (página 59), podrías decir: «Cuando yo era un niño, me gustaba ir al circo cada vez que venía al pueblo. Disfrutaba especialmente el ver a los equipos de acrobacia quienes arriesgaban sus vidas cada día en el trapecio o caminando la cuerda floja. ¡Lo que más me asombraba era que muchos de ellos hacían sus trucos sin una malla protectora! Uno de los más famosos actos era el de los Magníficos Wallendas». Puedes personalizar tu historia sin decir una mentira.

Una personalización inapropiada de una historia puede que comience de esta forma: «Me encontraba en el Teatro Cobo la noche en que los Magníficos Wallenda…», a no ser, por supuesto, que realmente estuvieses allí. No mientas para asumir importancia, aparentar más, o incluso dar la nota. Sé honesto con tu audiencia, y no solamente serás más eficaz, sino que no tendrás nada de lo que arrepentirte en un futuro.

Un famoso orador cristiano de jóvenes recientemente perdió todo su ministerio porque se descubrió que gran parte de lo que había reclamado ser cierto a través de los años en realidad era falso. Las ilustraciones no son tan importantes como para que mientas. Limítate a decir la verdad. Cualquier cosa que no cumpla con estos principios es antiética y no tiene lugar en un ministerio de la iglesia.

Por otro lado, y para empezar, la mayoría de las ilustraciones no son totalmente ciertas, incluso aquellas que te sucedieron a ti mismo. Ninguna de las ilustraciones en este libro es absolutamente verdadera. Algunas de ellas están basadas en eventos históricos y en vidas de personas reales en la historia (como «Alejandro Magno» y «Telémaco Va a Roma»), pero aquí son presentadas como ilustraciones, no historia. Sin duda han sido alteradas y embellecidas de manera que puedan ser ilustraciones eficaces. A lo sumo, pueden ser parcialmente ciertas. A Tony Campolo le gusta hacer la vista gorda y decir acerca de sus ilustraciones: «Pues, si no sucedió de esa forma, debió haber sucedido así».

Pocas son las ilustraciones de este libro que realmente sucedieron. Son simplemente historias o parábolas que comunican una verdad. Existe una diferencia entre una historia verdadera y una historia que comunica verdad. Sorprende a algunas personas que muchas de las historias que Jesús dijo no fueron ciertas. Fueron parábolas, y las parábolas por definición son ficción. Jesús inventó esas historias. Nunca hubo un hijo pródigo de verdad, al menos en lo que conocemos. Jesús creó esas historias para ilustrar un punto y lo hizo tan bien que se ha convertido en una de las historias más entrañables de todos los tiempos.

Mientras que nos ocupamos en el tema de personalizar las ilustraciones, abordaré la cuestión de robar la ilustración de otra persona y utilizarla como si te hubiese sucedido a ti, o como si fuese tu propia creación. ¿Es esto impropio? ¿Es esto una forma de plagio? Yo creo que la respuesta es afirmativa; algunas veces… Conozco a varios oradores que difícilmente pueden utilizar sus propios discursos porque la gente les ha «robado» sus ilustraciones y ejemplos y se han adueñado de ellos. Tony Campolo se ríe cuando piensa acerca de la ocasión en la que se disponía a dar su famoso discurso «Es viernes, pero ya viene el domingo» a una iglesia y fue detenido por el pastor porque el pastor dijo: «La congregación piensa que esa historia me sucedió a mí».

La mejor forma de utilizar una ilustración asociada

a otra persona es dando crédito a la fuente. Si el pastor arriba mencionado hubiese dicho: «Tony Campolo cuenta una maravillosa historia acerca de cuando…». Es normal que esa alegación haga que la historia sea menos eficaz que si hubiese sido propia, en cuyo caso hubiese sido más conveniente evitarla por completo. Este libro contiene pocas ilustraciones personales de oradores individuales, salvo que sean relativamente fáciles de transferir a otro orador. Es difícil contar la experiencia de otro en tercera persona. Estas son ilustraciones que cualquiera puede utilizar. No te preocupes por dar crédito a la fuente, a no ser que sientas que es importante hacerlo.

Otra forma de personalizar una historia es pensando en alguna ilustración similar en tu propia vida. Por ejemplo, «El Irremediable Partido de Béisbol» en la página 70 puede convertirse en cualquier partido de béisbol que tú quieres que sea. O puede convertirse en un partido de golf, un partido de hockey sobre hielo, o en un juego de Nintendo. Realmente no importa. Si puedes comunicar el punto con una ilustración más personal, hazlo.

También puedes personalizar tus ilustraciones añadiendo color a ellas, cambiando detalles, poniendo nuevos nombres a los personajes, y por lo general, haciéndolas más interesantes a tu audiencia. Eso es casi siempre una buena idea cuando se narra una historia de la Biblia. Los niños escuchan mejor cuando pueden relacionarse a la gente de la historia, lugares y eventos que le sean familiares. Los jóvenes normalmente se relacionan con el hijo pródigo si se lo pueden imaginar como un joven de escuela que ha decido abandonar la escuela con sus bolsillos llenos de dinero en efectivo.

Permite que las ilustraciones de este libro te motiven a la búsqueda de ilustraciones que puedan ser extraídas de tus propias experiencias personales y de las experiencias de otros. Puedes derivar poderosas ilustraciones de la vida cotidiana o de la televisión, películas, libros, revistas, o periódicos. Mantén tus ojos y oídos abiertos, y archiva tus descubrimientos para un uso futuro.

Tu meta: comunica la verdad

Quizá hayas visto las historietas de «El Lado Opuesto» de Gary Larson que presenta a un perro sentado junto a su amo con el mensaje: «Lo que le decimos a los perros». El dueño está regañando al perro por su mal comportamiento con frases como: «¡Mal perro, Ginger! ¡Estoy harta de ti! ¡De ahora en adelante mantente fuera del zafacón, o te voy a llevar a la perrera! ¿Me entiendes bien Ginger? ¿Me entiendes?». El siguiente dibujo presenta la misma escena con el mensaje: «Lo que los perros oyen». En esta versión las palabras del dueño aparecen para mostrarnos lo que el perro está realmente escuchando: «¡Blah blah blah, Ginger! ¿Blah blah blah blah blah blah, blah blah blah, Ginger, blah blah?».

Algunas veces eso es lo que sucede cuando los adultos les están hablando a los niños. Necesitamos tener en cuenta que la meta es comunicar nuestra verdad de tal forma que lo que digamos sea exactamente lo mismo que lo que nuestros estudiantes escuchan, entienden y aplican. Nuestro deseo es que este libro te permita alcanzar esa meta la próxima vez que te pongas frente a una audiencia de adolescentes.

ALEJANDRO MAGNO

Alejandro Magno, uno de los más grandes generales militares que haya vivido, conquistó casi todo el mundo conocido con su poderoso ejército. Una noche durante una campaña, Alejandro no podía dormir y salió de su tienda para caminar alrededor del campamento.

Mientras caminaba se encontró a un soldado dormido cuando estaba de guardia, algo bastante grave. La pena por quedarse dormido mientras uno estaba de guardia era, en algunos casos, la muerte instantánea; el oficial al mando en ocasiones rociaba al soldado dormido de keroseno y lo prendía.

El soldado empezó a despertarse a medida que Alejandro Magno se le acercaba. Reconociendo quién era el que estaba frente de él, el joven temió por su vida.

«¿Sabes tú cuál es el castigo por quedarse dormido mientras se está de guardia?», le preguntó Alejandro Magno al soldado.
«Sí, señor», respondió el soldado con una voz temerosa.

«Soldado, ¿cuál es tu nombre?», demandó Alejandro Magno.
«Alejandro, señor».

Alejandro Magno repitió la pregunta: «¿Cuál es tu nombre?».

«Mi nombre es Alejandro, señor», repitió el soldado.

Una tercera vez y en voz más alta preguntó Alejandro Magno: «¿Cuál es tu nombre?».

Una tercera vez dijo humillantemente el soldado, «Mi nombre es Alejandro, señor».

Entonces Alejandro Magno miró al soldado: directamente a los ojos. «Soldado», dijo con intensidad, «o te cambias el nombre o cambias tu conducta».

Aplicación:

Aquellos que llevan el nombre de Cristo y se llaman cristianos deben vivir de acuerdo a su nombre. (Ver 2 Timoteo 2:19; Santiago 2:7; 1 Pedro 4:16).

UNA RESPUESTA A LA ORACIÓN

Un grupo de estudiantes de escuela secundaria de California había pasado tres meses preparándose y planificando para ir a México durante el descanso de primavera para ir a ayudar a los pobres. Ellos habían orado para que Dios los utilizara de una forma grandiosa. Anticipando una emocionante semana de ministerio, los jóvenes viajaron a una pequeña iglesia cercana a Mexicali.

A su llegada al pequeño poblado rural el domingo por la mañana, los estudiantes pudieron notar que la pequeña iglesia en la que iban a servir había sufrido un horrible incendio. El techo había cedido, y solamente las cuatro paredes permanecían. Con precaución, los estudiantes se adentraron a lo poco que quedaba del edificio mientras oían la melodía de un himno en español. Fueron saludados por la mirada cansada, descorazonada de un pastor mexicano y nueve miembros de la congregación que estaban en medio de su culto dominical matinal. Era evidente que la congregación nunca recibió las cartas del grupo explicando sus planes de servir y no tenían idea de que el grupo vendría a quedarse una semana con ellos.

Al culminar el himno, el pastor detuvo el culto, caminó hacia donde estaba el grupo de estudiantes y dijo: «¿Qué pasa?» (lo que el grupo interpretó como: «¿Qué rayos están haciendo ustedes niños blanquitos y ricos en nuestra iglesia?»).

Tras un largo silencio, uno de los estudiantes dijo: «Somos cristianos, y estamos aquí para servir».

Al escuchar esto los ojos del pastor se llenaron de lágrimas. «Unas personas en el poblado quemaron nuestra iglesia hace seis meses», explicó. «Hemos estado orando para que Dios envíe ayuda, pero habíamos perdido toda esperanza de que la ayuda viniese. ¡Alabado sea Dios!».

Los treinta y cinco estudiantes de escuela secundaria se quedaron atónitos en silencio. Habían escuchado muchas veces de que Dios quería utilizarlos; ahora lo estaban experimentando por primera vez. Sorprendido, uno de los estudiantes se volvió hacia a otro y dijo: «No me lo puedo creer. ¡Somos la respuesta a una oración!».

Aplicación:

Dios quiere utilizarnos, y lo hará... si solamente le obedecemos y seguimos el ejemplo de Cristo en ser un siervo. (Ver Filipenses 2:3-11). Podemos ser la respuesta a la oración de una persona cuando salimos de nuestra zona de bienestar para utilizar los dones que Dios nos ha dado con el fin de marcar una diferencia en el mundo.

OBEDIENCIA IMPONENTE

Unos siglos antes de Cristo, Alejandro Magno conquistó todo el mundo conocido con su fuerza militar, astucia y diplomacia. Un día Alejandro y un pequeño grupo de soldados se acercaron a una ciudad amurallada con grandes defensas. Alejandro, postrado fuera de las murallas, levantó su voz demandando ver al rey. El rey, aproximándose a las defensas militares sobre el ejército invasor, acordó escuchar las exigencias de Alejandro.

«Entréguense a mí inmediatamente», mandó Alejandro.

El rey se rió. «¿Por qué debo rendirme a ti?», dijo desde arriba. «Tenemos más soldados que tú. ¡No eres una amenaza a nosotros!»

Alejandro estaba listo para contestar su reto. «Permíteme demostrarte porqué debes rendirte», contestó. Alejandro ordenó que todos sus soldados formaran una sola fila y comenzaran a marchar. Él los puso a marchar directo a un acantilado de muchos metros de altura que tenía unas rocas al fondo.

El rey y sus soldados vieron con incredulidad atónita cómo, uno por uno, los soldados de Alejandro marchaban sin vacilación hacia el acantilado directo a su muerte. Después de que diez hombres murieran, Alejandro le ordenó al resto de sus hombres que se detuvieran y regresaran a su lado.

El rey y sus soldados se rindieron al momento a Alejandro Magno.

Aplicación:

El rey y sus soldados se dieron cuenta de que nada iba a impedir la consiguiente victoria de hombres dispuestos a dar sus vidas por su líder.

¿Eres tú tan dedicado a obedecer los mandamientos de Dios tal y como los soldados de Alejandro estaban obedeciendo a Alejandro? ¿Estás dispuesto a estar así de comprometido con Cristo? Piensa en cuánta más influencia podrían tener los cristianos en el mundo si se tomaran en serio los mandamientos de Jesús. «Ten cuidado en obedecer… para que siempre te vaya bien, lo mismo que a tu descendencia. Así habrás hecho lo bueno y lo recto a los ojos del Señor tu Dios» (Deuteronomio 12:28).

EL BUQUE DE GUERRA Y EL FARO

En el momento más oscuro de la noche, un capitán de una nave pilotaba su buque de guerra a través de las aguas cubiertas de neblina. Con ojos esforzados escaneaba la brumosa oscuridad, buscando peligros ocultos a simple vista. Sus peores miedos se convirtieron realidad cuando vio una pequeña luz justo al frente. Parecía ser un barco en rumbo a colisionar con su buque.

Para evitar el desastre el capitán rápidamente envió un mensaje por radio al barco que se aproximaba. «Este es el Capitán Jeremiah Smith», su voz crujía por la radio. «¡Por favor altere su rumbo diez grados al sur! Cambio».

Para sorpresa del capitán, la imagen nublada no se movía. En cambio, escuchó una respuesta por la radio: «Capitán Smith. Este es el soldado Thomas Johnson. ¡Por favor altere su curso diez grados al norte! Cambio».

Consternado con la audacia del mensaje, el capitán gritó en respuesta por la radio: «¡Soldado Johnson, este es el Capitán Smith, y le ordeno inmediatamente que cambie su curso diez grados sur! Cambio».

Por segunda vez la luz contraria no cedía. «Con todo el respeto, Capitán Smith», mencionó el soldado nuevamente, «¡le ordeno que cambie su curso diez grados al sur inmediatamente! Cambio».

Enojado y frustrado de que este insolente marino pudiese poner en peligro las vidas de sus hombres y tripulantes, el capitán gruñó nuevamente por la radio: «Soldado Johnson. ¡Le puedo someter a consejo de guerra por esto! ¡Por última vez, le ordeno por la autoridad del gobierno de los Estados Unidos a que altere su curso diez grados al sur! ¡Soy un buque de guerra!».

La última transmisión del soldado fue escalofriante: «Capitán Smith, señor. ¡Nuevamente, con todo el respeto, le ordeno que cambie su rumbo diez grados al norte! ¡Soy un faro!»

Aplicación:

Muchos de nosotros en el mundo tenemos poco respeto a la autoridad. Actuamos como si las reglas pudieran (o debieran) cambiarse para ajustarse a nuestras necesidades y deseos personales. Los anuncios publicitarios nos incitan: «Haz lo que quieras». En realidad, no siempre podemos hacer lo que queremos. Tenemos que conformar nuestras vidas a una verdad superior, a una autoridad superior: la Palabra de Dios.

La verdad de Dios es como un faro. No va a cambiar para acomodarse a nosotros. Somos nosotros los que tenemos que cambiar para acomodar nuestras vidas a lo que Dios quiere de nosotros.

Jesús también es como un faro. La Biblia nos enseña que «Jesucristo es el mismo ayer y hoy y por los siglos» (Hebreos 13:8). Él siempre estará ahí para nosotros. Él es absolutamente confiable. Nosotros los cristianos debemos conformar nuestras vidas a su voluntad para con nosotros. Si él nos pide que alteremos nuestro curso, no tenemos otra alternativa que obedecer. Eso es lo que significa ser un discípulo.

EL OSO EN LA CUEVA

Dos jóvenes varones aventurados y buenos amigos estaban explorando cuevas cuando encontraron lo que aparentaba ser grandes huellas de oso en el interior de un largo y cavernoso túnel. Valientemente decidieron seguir el curso, pero se movían lentos y con extrema precaución, manteniendo sus ojos y oídos atentos en caso de que se encontraran realmente con un oso.

De repente, de la oscuridad tras una roca se levantó el oso pardo más grande y de aspecto más malévolo que jamás habían visto. Parado justo frente a ellos, el oso batió su pecho y rugió como un león, enviando un terrible sonido que retumbaba por las paredes de la cueva. Muertos de miedo, los dos varones decidieron que lo mejor era correr por sus vidas. Inmediatamente corrieron buscando la luz del día.
Justo entonces, uno de los varones se tiró al suelo y comenzó a desabrocharse sus botas de escalar. Se las quitó, se puso su calzado deportivo, y comenzó a atarse los cordones.
Su amigo, irritado, le gritaba: «¡Venga hombre! ¡Salgamos de aquí! ¿Por qué rayos te estás cambiando los zapatos? ¡Siquiera vamos a tener tiempo de escaparnos de ese oso!».

Poniéndose de pie y comenzando a correr, el primer varón respondió: «No tengo que correr más que ese oso. Todo lo que tengo que hacer es correr más que tú».

Aplicación:

¿Sientes que tus amigos te tratan como carnada de oso? Cuando las cosas se ponen difíciles, te dejan solo. Siguen siendo tus amigos hasta que les cuesta algo a cambio, y ahí es donde te abandonan.
Una de las cosas más grandes de tener a Cristo como tu amigo es saber que él nunca te va a dejar o abandonar (ver Mateo 28:20 y Hebreos 13:5). Él es un amigo que no solamente está dispuesto a dar su vida por ti, sino que ya lo hizo. «Nadie tiene amor más grande que el dar la vida por sus amigos» (Juan 15:13).

LA BELLA Y LA BESTIA

¿Recuerdas la escena impactante en la película animada de Disney *La Bella y la Bestia* cuando la bestia estaba a punto de confesarle su amor a Bella? Cogsworth miraba con eufórica anticipación, porque si Belle comprometía su amor a la bestia, ¡listo! El hechizo que estaba sobre el castillo como una oscura y húmeda nube de maldición sería finalmente quebrantado.

Mientras entrelazaba sus manos con la bestia, Bella pidió permiso de mirar en el espejo mágico para ver así a su padre. Viendo que su padre estaba en obvia aflicción, tiró el espejo y exclamó desesperada. «Tengo que ir a él», sollozó.

«Ve a él entonces», respondió la bestia. Esas cuatro palabras fueron sumamente significativas.

Cogsworth entró después a la habitación con un aire de expectación jubilosa mientras declaraba a la bestia: «Debo decir que las cosas están marchando a las mil maravillas».
Sin embargo, toda esperanza desapareció cuando la bestia pronunció la frase más significativa de la película. «La dejé ir», le confesó a su encantado pequeño reloj.

Mientras la realidad de esas palabras hacían su mella, Cogsworth se sacudió y preguntó: «¿Hiciste qué?».

¿Puedes imaginarte el impacto de la admisión de la bestia? El dejarla ir significaba sumergir su reino en otra temporada de maldita existencia. El dejarla ir significaba que toda esperanza de ser humanos nuevamente estaba perdida. El dejarla ir significaba que él perdía su última, mejor oportunidad de ser amado. Pero la dejó ir. ¿Por qué?

«Lo tuve que hacer», dijo. «La amo». La bestia entendió que el que ama no mantiene al objeto de su amor aprisionado en su posesión.

Aplicación:

Quizá una escena similar sucedió en el cielo cuando Dios dejó ir al bello ángel Lucifer, que se rebeló contra Dios, determinado en ir por su propio camino. «¿Hiciste qué?» Miguel o Gabriel o cualquier otro ángel pudieron haber preguntado, entendiendo que esta acción traería grande miseria y sufrimiento a la creación de Dios.

¿Qué tal tú y yo? Aunque Dios puede forzarnos a que le amemos, nos deja ir. «Les amo demasiado», dice él. Dios nos ama y nos permite ir por nuestro propio camino, sabiendo bien que el resultado puede ser la miseria y el sufrimiento. Como la bella, sin embargo, tenemos la opción de regresar, de cambiar la miseria y el sufrimiento por gozo y celebración. Cuando una persona regresa al amor de nuestro Padre celestial, los ángeles se regocijan (ver Lucas 15:10).

LA PICADURA DE ABEJA

Una familia que estaba de vacaciones viaja en su vehículo con las ventanas bajadas, disfrutando la brisa cálida de un día soleado. De repente, una gran abeja entra por la ventana y comienza a zumbar dentro del automóvil. Una niña pequeña, sumamente alérgica a las picaduras de abeja, se encoge en el asiento trasero. Si la abeja le pica, la niña puede morir en menos de una hora.

«Oh papá», chilla con terror. «¡Es una abeja! ¡Me va a picar!» El papá detiene la marcha del vehículo, y extiende la mano hacia atrás para ver si puede capturar la abeja. Zumbando hacia él, la abeja choca contra el parabrisas delantero donde el papá la atrapa con la mano.

Aguantándola con su mano cerrada, el papá espera recibir la inevitable picadura. La abeja propina su picadura en la mano del padre y con dolor, el padre la deja ir. La abeja está suelta de nuevo en el vehículo. La pequeña se llena otra vez de pánico: «¡Papá me va a picar!». El padre suavemente dice: «No cariño, no te va a picar ahora. Mira mi mano».

El aguijón de la abeja está alojado en su mano.

Aplicación:

Pablo declaró en 1 Corintios 15:55: «¿Dónde está, oh muerte, tu victoria? ¿Dónde está, oh muerte, tu aguijón?». Jesús nos dice: «Mira mis manos». Él tiene el aguijón de Satanás, el aguijón de la muerte, el aguijón del pecado, el aguijón de la decepción, el aguijón de sentirse miserable. Jesús tiene todos esos aguijones en su mano. Cuando ves esa mano marcada por el clavo, date cuenta que, por ti, Jesús tomó todo el dolor que Satanás pudo enviarle. Redujo a Satanás a una abeja que perdió su aguijón; todo lo que puede hacer Satanás es zumbar. Esa es la victoria que Jesús ganó por ti.

CUIDADO CON CURARE

En 1799, el famoso explorador y científico de Prusia, el Barón Von Humboldt, descubrió una potente droga conocida como curare.

En una expedición por la jungla de Venezuela, él miraba cómo un cazador indígena tumbaba a un animal con un solo tiro de su arco y flecha. La flecha había sido envenenada con curare, una poción con dos curiosas propiedades derivada de las plantas en la jungla.

El curare, cuando es inyectado en la corriente sanguínea, como es el caso cuando se cazan animales, era mortal. La droga inmovilizaba el cuerpo, atacaba los órganos vitales, y causaba la muerte casi de forma instantánea.

Humboldt descubrió la segunda propiedad del curare de una forma más dramática. Se había enfermado, y un médico brujo nativo lo forzó a tomar un poco de curare que había sido diluido en agua. Aterrorizado de que iba a morir, Humboldt se sorprendió al descubrir que después de tomar curare, se sintió bastante mejor. Él descubrió que cuando el curare es diluido y tomado vía oral puede tener un valor medicinal positivo sin causar daño a los órganos vitales.

La clave del impacto del curare yace principalmente en la forma que es tomado por el cuerpo humano. Inyectado en la corriente sanguínea, es un asesino mortal. Ingerido oralmente, es un relajante muscular.

Aplicación:

La cristiandad es similar al curare. Su impacto depende mayormente de cómo es recibido. Muchas personas deciden tomarlo por vía oral, lo más diluido posible, para que tenga pocos efectos secundarios y les haga sentirse mejor; pero ese no es el propósito verdadero de la cristiandad.

El propósito de la cristiandad es que nos cambie en una nueva criatura en Cristo. Para que podamos convertirnos en nuevas criaturas, debemos morir a nuestra pasada forma de vivir y nacer de nuevo, intercambiando nuestras viejas vidas por unas nuevas. Aquellos que buscan una cristiandad «segura» que les cueste poco tienen dificultad en aceptar la muerte y el nuevo nacimiento. La verdadera cristiandad no es segura; te cuesta la vida. A Dios le costó a su único y amado Hijo, y a ti te costará todo el seguirle. Pablo escribió: «He sido crucificado con Cristo, y ya no vivo yo sino que Cristo vive en mí» (Gálatas 2:20ª).

No te conformes con una versión de la cristiandad diluida en agua. No puede ser tomada vía oral. Tiene que ser inyectada.

GRANDES AVENTURAS

La revista *Outside* normalmente presenta historias de personas que arriesgan sus vidas con el fin de poder establecer una reputación para sí mismos.

Larry Walters, por ejemplo, levantó vuelo en una silla de patio suspendida por cuarenta y dos grandes globos llenos de helio. Al alcanzar la altura de 5.000 metros, Larry comenzó a explotar los globos con una escopeta de balines, descendiendo seguro a tierra.

El francés Jean Luc Antoni practica el descenso en esquís sobre las rocas. En 1987, Jean estableció un record mundial de ciento catorce kilómetros por hora montado en un monoesquí descendiendo por una pendiente rocosa en Francia. Ya que parar es imposible, el ingenioso Antoni erigió una pared de cartón al final del recorrido para toparse contra ella. Así sobrevivió.

Reg Mellor, de setenta y dos años de edad, es el actual campeón mundial de «piernas de hurones». Piernas de hurones es un concurso que consiste «en atar los pantalones de un contrincante por los tobillos e insertar en el pantalón un par de hurones carnívoros especialmente viciosos, cubiertos pelo, de treinta centímetros de largo. La correa del valiente concursante es entonces ajustada, y este procede a permanecer delante de los jueces por el mayor tiempo posible, mientras que estos animales con sus garras como agujas hipodérmicas y dientes como tachuelas de alfombra intentan de escaparse».

Reg Mellor mantiene el récord mundial en cinco horas, veintiséis minutos.

Aplicación:

Actividades como estas parecen alocadas, pero muchos chavales hoy día, en el nombre de la aventura, participan en actividades locas —abusando de las drogas y el alcohol, por ejemplo— que hacen que la competición de las piernas de hurones parezca algo cuerdo. Las piernas de Reg Mellor mantienen cicatrices permanentes por sus años de piernas de hurones, pero sus cicatrices son leves en comparación con las cicatrices internas en los jóvenes que consumen drogas.

Si has visto alguna vez a un adicto atravesando por el proceso de dejar las drogas, has visto a los hurones desgarrando su interior. Si has visto a alguien cuyo cerebro haya sido «freído» por las drogas, entonces has visto a alguien cuyo cerebro ha sido atacado por los hurones.

No me malentiendas. El riesgo y la aventura comprenden un elemento importante en la vida. De hecho, la gente que siguió a Jesucristo asumió la más grande y arriesgada aventura de todos los tiempos.

LA GRAN ROCA

Un niño pequeño pasaba la mañana del sábado jugando en su caja de arena. Tenía consigo su caja de autos y camiones, su cubo de plástico, y una pala de plástico roja brillante.

Conforme creaba carreteras y túneles en la blanda arena, el niño descubrió una roca grande en medio de la caja de arena. El muchacho cavó alrededor de la roca, pudiendo desalojarla de la tierra. Sin mucho esfuerzo, empujó y movió la roca al otro lado de la caja de arena utilizando sus pies. (Él era un niño pequeño y la roca era bastante grande). Sin embargo, cuando el niño consiguió desplazar la roca al borde de la caja de arena, se dio cuenta que no podía levantarla y tirarla por el borde.

Resuelto en su afán, el niño empujó y apalancó, pero cada vez que pensaba que había obtenido algún progreso, la roca se caía nuevamente a la caja de arena. El niño gruñó, luchó, empujó, pero lo único que consiguió fue machacarse sus carnosos dedos cada vez que la roca volvía a caerse. Al final se echó a llorar de frustración.

Durante todo este tiempo el padre del niño observaba por la ventana de la sala lo que estaba ocurriendo. En el momento en que aparecieron las primeras lágrimas, una gran sombra cayó sobre el niño y la caja de arena. Era el padre del niño. Gentil pero firme dijo: «Hijo, ¿por qué no usaste toda la fuerza que tienes a tu disposición?».

Vencido, el niño sollozó: «¡Pero lo intenté, papá, lo intenté! ¡Utilicé toda la fuerza que tenía!».

«No, hijo», le corrigió el padre cariñosamente. «No utilizaste toda la fuerza que tenías. No me llamaste a mí».

Con eso el padre se agachó, agarró la roca, y la sacó fuera de la caja de arena.

Aplicación:

¿Tienes tú «rocas» en tu vida que tienen que ser apartadas? ¿Estás descubriendo que no tienes todo lo que se necesita para levantarlas? Dios está siempre disponible para nosotros y dispuesto a darnos la fuerza que necesitamos para sobrellevar los obstáculos y lograr grandes cosas para el. «Dios es nuestro amparo y nuestra fortaleza, nuestra ayuda segura en momentos de angustia» (Salmo 46:1).

LA CITA A CIEGAS

(Un chiste para que lo relaten los varones; en primera persona, como si te hubiese ocurrido a ti mismo).

Ya que era un poco tímido cuando estaba en la escuela secundaria, no le pedía a muchas chicas para salir en citas. Así que mi amigo se acercó a mí un día y me dijo: «Te he conseguido una buena cita para el sábado en la noche. Ya está todo listo».

«¿Quién es?», le pregunté. Resultó ser su prima Doris. Nunca la había conocido. De hecho, nunca había conocido a una chica con el nombre de Doris. «Oh, no», dije, «no voy a una cita a ciegas».

«Oye, no te preocupes de ella», dijo mi amigo. «Doris es una chica excelente. Y créeme, ella está muy buena. Pero si no me crees, te puedo decir una forma para de librarte de la cita si no te agrada su apariencia. Esto es lo que yo hago: Voy a la puerta de la chica para recogerla, y cuando abre la puerta, la inspecciono. Si me gusta lo que veo, entonces bien, estamos listos. Pero si es fea, finjo un ataque de asma. Hago «¡Aaahhhhgggg!» (Te echas las manos al cuello como si tuvieses problemas para respirar). Entonces la chica pregunta: «¿Qué pasa?» Y yo digo, ‹Es mi asma.› Así que tenemos que cancelar la cita. Así nada más. Sin problemas».

«Pues, no sé… está bien, parece bastante fácil. Lo haré», respondí.

Así que fui a recoger a Doris. Llamé a la puerta, y ella vino a la puerta principal. La eché una mirada, y para mi sorpresa, mi amigo tenía razón. ¡Era hermosa! Me quedé ahí parado sin saber exactamente qué decir.

Ella me echó una mirada a mí y dijo: «¡Aahhhhggggg!».

Aplicación:

Posiblemente hayas sido rechazado por otros porque no eras lo suficiente atractivo, o lo suficiente atlético, lo suficiente acaudalado, o lo suficiente «genial», sea lo que sea.

No obstante, Dios no nos mira de esa forma. Cuando él pone su mirada sobre nosotros, piensa que somos hermosos. Él nos acepta de la forma que somos. A Dios no le preocupa nuestra apariencia exterior. A él le preocupa más nuestro parecer interior: «La gente se fija en las apariencias, pero yo me fijo en el corazón» (1 Samuel 16:7). Dios quiere que tengamos un corazón como el de él: uno que alcanza y ama a todas las personas, sin importar su apariencia.

LOS HOMBRES CIEGOS Y EL ELEFANTE

Había un antiguo poblado, dice una parábola, en el que todas las personas eran ciegas. Un día mientras iban por el camino, seis hombres del poblado se encontraron con un hombre cabalgando sobre un elefante. Los seis hombres, que habían oído hablar de los elefantes pero que nunca habían visto a uno de cerca, le pidieron al jinete que les permitiera tocar a la bestia. Querían regresar a la aldea y contarles a los otros aldeanos cómo era un elefante.

El jinete aceptó y dirigió a cada uno de los seis hombres a una parte diferente del elefante. Todos los ciegos tocaron y acariciaron al elefante hasta que se aseguraron de qué tipo de animal era.

Con gran anticipación los ciegos regresaron a la aldea para relatar su experiencia. Los aldeanos se agruparon en torno a los seis para escuchar acerca del elefante. El primer hombre, que tocó el lateral del elefante, dijo: «El elefante es como una gran pared gruesa».

«Para nada», dijo el segundo hombre, que había tocado el colmillo del elefante. «Él es algo corto, redondo y suave, pero bien recto. ¡Yo compararía al elefante, no con una pared, sino con una lanza!»

El tercer hombre, que había tocado la oreja del elefante, mostró desaprobación. «No es nada como una pared o una lanza», dijo. «Es como una hoja gigante hecha de lana gruesa de alfombra. Se mueve cuando la tocas».

«Estoy en desacuerdo», anunció el cuarto hombre, que había manipulado la trompa. «Te puedo decir que un elefante es como una culebra gigante».

El quinto hombre gritó en desaprobación. Él había tocado una de las patas del elefante y concluyó: «Un elefante es redondo y grueso, como un árbol».

Al sexto hombre le había sido dada la oportunidad de montarse sobre el elefante, y protestó, «¿No puede ninguno de ustedes dar una descripción correcta de un elefante? ¡Es evidente que un elefante es una montaña que se mueve!»

Hasta el día de hoy, los hombres continúan discutiendo, y ninguno en la ciudad tiene la menor idea de cómo es un elefante.

Aplicación:

La Biblia describe a Dios de diferentes maneras... porque él es experimentado en muchas formas. Él es el Creador del universo, pero es también un fiel amigo. Él es un juez justo, pero es también un Padre perdonador. Para nosotros entender a Dios, o para entender la Biblia, tenemos que estudiar cuidadosamente la Palabra de Dios en su totalidad. Cuando percibimos solamente una visión de Dios, o un punto de vista, con toda probabilidad llegaremos a conclusiones erróneas.

Una de las razones por las que muchas personas todavía no entienden el evangelio es porque los cristianos no se ponen de acuerdo en lo que es. Nosotros los cristianos debemos buscar puntos reconciliables y presentar un frente unido al mundo. Jesús oró para que todos nosotros fuésemos uno: «Permite que alcancen la perfección en la unidad, y así el mundo reconozca que tú me enviaste y que los has amado a ellos tal como me has amado a mí» (Juan 17:23b).

LA SANGRE DE UN VENCEDOR

El asistente de Louis Pasteur en la demostración de lo que fue llamado la teoría de los gérmenes fue el Dr. Félix Ruh, un doctor judío en París. La nieta del médico había muerto de la difteria negra, y el Dr. Ruh, jurándose a sí mismo averiguar lo que había matado a su nieta, se encerró en su laboratorio durante días. Él salió con una fuerte determinación de demostrar, con su colega Louis Pasteur, que la teoría de los gérmenes era más que una teoría.

La asociación médica estaba en desacuerdo con Pasteur y habían logrado exiliarlo, pero él no se fue muy lejos de París. Se escondió en el bosque y erigió un laboratorio en donde continuó con su investigación prohibida.

Veinte bellos caballos fueron dirigidos por el bosque al improvisado laboratorio. Científicos, doctores y enfermeras vinieron a observar el experimento. Ruh abrió la bóveda de acero y sacó una gran cubeta llena de gérmenes de difteria negra, los cuales él había cultivado durante meses. La cubeta contenía suficientes gérmenes como para matar a todos los habitantes de Francia. Los científicos se dirigieron a cada uno de los caballos y les pusieron los gérmenes en sus narices, lenguas, gargantas y ojos. Cada uno de los caballos, a excepción de uno, experimentó una fuerte fiebre y murió. Muchos de los doctores y científicos se cansaron del experimento y decidieron no quedarse a presenciar lo que pensaron sería la muerte del último caballo. Por varios días más el último caballo se mantuvo acostado patéticamente en el suelo. Mientras Ruh, Pasteur, y otros estaban durmiendo en camillas en el establo, los asistentes de turno habían sido instruidos a despertar a todos si surgía un cambio en la temperatura del animal durante la noche.

Alrededor de las dos de la mañana la temperatura mostraba haber bajado medio grado, y el asistente despertó al Dr. Ruh. En la mañana el termómetro mostraba que la temperatura había bajado dos grados más. A la noche la fiebre había desaparecido por completo, y el caballo podía levantarse, comer y beber.

Entonces el Dr. Ruh agarró un martillo y le dio un cantazo mortal al bello caballo entre sus ojos. Los científicos sacaron toda la sangre de las venas de este animal que había desarrollado la difteria negra y la había superado. Los científicos viajaron lo más rápido que pudieron al hospital municipal de París. Se hicieron paso entre el superintendente y los guardias, y se dirigieron a la habitación donde trescientos bebés yacían, segregados a morir por la difteria negra. Utilizando la sangre del caballo, inocularon forzosamente a cada uno de los infantes. Todos excepto tres sobrevivieron y se recuperaron por completo. Fueron salvados por la sangre de un vencedor.

Aplicación:

Hemos sido salvados por la sangre de un vencedor. Jesús venció al pecado y a la muerte en la cruz, y por su sangre hemos sido salvados (ver Efesios 1:7).

EL BARCO EN EL ESCAPARATE

Un niño invirtió muchas horas trabajando en un pequeño velero, moldeándole al mínimo detalle. Entonces lo llevó al río más cercano para navegarlo. Sin embargo, cuando lo puso en el agua, el barco se alejó de él rápidamente. Aunque lo persiguió por toda la orilla, no pudo seguir su rastro. El fuerte viento y la corriente se llevaron el barco. El niño con el corazón destrozado sabía lo difícil que sería construir otro barco.

A lo lejos río abajo, un hombre encontró el pequeño barco, lo tomó y se lo vendió a un comerciante. Más tarde ese día, el niño estaba caminando por el pueblo cuando vio el barco en el escaparate de una tienda. Entrando a la tienda, le dijo al dueño que el barco le pertenecía. Tenía sus pequeñas marcas en él, pero no podía probar al comerciante que el barco era suyo. El comerciante le dijo que la única forma en que podría obtener el barco era comprándolo. El niño lo quería tanto que hizo exactamente eso.

Conforme tomaba el barco en sus manos, lo miró y dijo: «Pequeño barco, ahora eres dos veces mío. Te hice y te compré».

Aplicación:

De la misma forma, nosotros somos dos veces de Dios. Nuestro Padre en el cielo nos creó y pagó un gran precio por nosotros (ver Colosenses 1:16 y Romanos 5:8). Con la sangre de su Hijo, hemos sido redimidos y reunidos con Dios.

Jesucristo dio su vida para recuperarnos, pero muy pocas veces nos mostramos agradecidos por lo que ha hecho por nosotros.

EL CONEJO DE BONNY

Un amigo mío estaba sentado en su cuarto de estar un día cuando su gato arrastraba un pequeño «regalo» en la boca: una especie de animal muerto. Mirándole de cerca, me daba pena reconocer que el animal muerto era el pequeño conejo que le pertenecía a una pequeña niña que vivía en la casa de al lado. Su nombre era Bonny. Mi amigo se sintió fatal, pensando que su gato había matado al pequeño conejo de Bonny.

Mi amigo rápidamente pensó en un plan. Retirando el animal muerto de la boca del gato, que a estas alturas estaba ya echo un desastre, lo puso en el fregadero. Con un poco de agua tibia y jabón, intentó lavar el animal lo mejor que pudo. Utilizando un secador de pelo, procedió a secar el conejo hasta dejarlo en buen estado. Por último, llevó el conejo muerto a la conejera del vecino y lo puso nuevamente en la jaula. Él lo arregló de tal manera para que se viera lo más natural posible dentro de su caja.

A la mañana siguiente, mi amigo miró por la ventana y se dio cuenta del grupo de personas que se congregaban en torno a la conejera. Todos parecían estar hablando y señalando. Mi amigo decidió ir y actuar como cualquier otro vecino y averiguar qué era lo que estaba sucediendo.

Cuando llegó, la mamá de Bonny le dijo a mi amigo: «¡No vas a creer lo que acaba de suceder! ¡Es un milagro! El conejo de Bonny había muerto hace unos días, y lo habíamos enterrado en aquella zona...».

Aplicación:

¿Alguna vez has tratado de esconder un pecado con otro? El cubrirlos solamente empeora las cosas. Cuando nos sorprenden haciendo algo incorrecto, por ejemplo, quizá tendamos a cubrirlo con una mentira. Pero tal como el conejo de Bonny, el resultado es lo que nunca esperamos. Terminamos como unos tontos. Hubiésemos salido mejor admitiendo que estábamos equivocados y aceptando las consecuencias.

NACIDOS PARA VOLAR

Un día un gallo de las praderas encontró un huevo y se posó sobre él hasta que nació la nueva criatura. Sin que el gallo lo supiese, el huevo era un huevo de águila, abandonado por alguna razón. Así es como ocurrió el nacimiento de un águila en una familia de gallos de las praderas.

Mientras que el águila es la más grandiosa de todas las aves, alzando vuelo sobre las alturas con gracia y facilidad, el gallo de las praderas no sabe volar. De hecho, los gallos de las praderas son tan humildes que lo que comen es basura.

Como era de predecirse, la pequeña águila, habiendo sido criada en una familia de gallos de las praderas, se creía que era un gallo de las praderas. Andaba, comía basura y cloqueaba como un gallo de las praderas. Un día miró hacia arriba y vio una majestuosa águila calva volar en las alturas, bajando en picado y dando vueltas. Cuando le preguntó a su familia qué era, le respondieron: «Es un águila. Pero tú no puedes ser como ella porque solamente eres un gallo de las praderas». Y así volvieron a escarbar en la basura.

El águila se pasó toda su vida mirando a las águilas, deseando unirse a ellas entre las nubes. Nunca se le ocurrió levantar sus alas e intentar volar. El águila murió pensando que era un gallo de las praderas.

Aplicación:

Tú naciste para volar. Pero algunos de nosotros pensamos y actuamos como gallos de las praderas porque el mundo nos sigue diciendo que eso es lo que somos. Dios nos creó «un poco menor que los ángeles» (ver Salmo 8 y Hebreos 2:7). ¿Has pensado alguna vez que hay algo más en la vida que lo que estás experimentando? ¡Mira hacia arriba! ¡Levanta tus alas y vuela! Dios quiere que seas todo lo que fuiste creado.

El apóstol Pedro escribió en 1 Pedro 1:14: «Como hijos obedientes, no se amolden a los malos deseos que tenían antes, cuando vivían en la ignorancia». En otras palabras: «Deja de vivir como águilas que piensan que son gallos de las praderas». Tú ya no eres ignorante. Sabes qué y quién eres. Eres nacido de nuevo por la viviente y permanente Palabra de Dios. Ahora vive de esa forma. Estira tus alas y vuela.

LA BOTELLA

Sobre el escritorio del Señor William Osler, un eminente profesor de medicina en la Universidad de Oxford, había una pequeña botella conteniendo orina. Frente a él estaban sentados una clase llena de jóvenes y bien atentos estudiantes de medicina, escuchando su lección acerca de la importancia de observar los detalles. Para resaltar su punto, Osler anunció: «Esta botella contiene una muestra para análisis. Es comúnmente posible probándola el determinar la enfermedad que el paciente sufre».

Entonces él mojó el dedo en el fluido y se lo llevó a la boca. A continuación dijo: «Ahora voy a pasar la botella. Cada uno de ustedes va a hacer exactamente lo que yo hice. Posiblemente podamos aprender la importancia de esta técnica y el diagnóstico de este caso».
La botella fue pasada entre las filas, y cada estudiante metió cautelosamente el dedo dentro y valientemente probó la muestra del contenido frunciendo el ceño. El Dr. Osler entonces tomó la botella y sorprendió a sus estudiantes diciendo: «Caballeros, ahora van a entender lo que quiero decir cuando hablo sobre los detalles. ¡Si hubiesen sido observadores, se hubiesen dado cuenta de que fue mi dedo índice el que introduje en la botella y el dedo corazón en mi boca!»

Aplicación:

Muchas personas viven como los estudiantes de la clase del profesor Osler. Piensan ya que tienen todo en la vida calculado, pero se han olvidado de un detalle importante: la necesidad de permitirle a Cristo que los cambie en las personas que Dios quiere que sean. Como resultado, la vida es tóxica y amarga.

Dios no esconde el camino de nosotros, o trata de engañarnos como el profesor Osler hizo con sus estudiantes. La Biblia claramente nos brinda las instrucciones para vivir una vida con propósito y significado. Todo lo que tenemos que hacer es abrir nuestros ojos, pensar, y prestar atención a lo que Dios quiere decirnos. «¡Prueben y vean que el Señor es bueno!» (Salmo 34:8).

COMPRADOS PARA SER LIBRES

En el siglo XIX, un joven inglés viajó a California en busca de oro. Tras varios meses de prospección, descubrió un buen filón. En su viaje de regreso a casa, el joven se detuvo en Nueva Orleans.

Al poco tiempo de su visita, se encontró con una multitud de personas todos mirando en la misma dirección. Al acercarse a la multitud, se dio cuenta que se habían juntado para una subasta de esclavos. La esclavitud había sido abolida en Inglaterra hacía varios años, así que la curiosidad de este hombre le motivó a contemplar cómo una persona se convertía en la propiedad de otro. Él escuchó «¡Vendido!» justo cuando se mezclaba entre la gente. En ese momento se llevaban a un hombre de color de mediana edad.

A continuación, empujaban a una joven de color a la tarima y la obligaban a pasear para que todos la vieran. El minero escuchó chistes de mal gusto y comentarios de quienes estaban a su alrededor que hablaban de malas intenciones. Los hombres se reían mientras sus ojos se fijaban en el nuevo artículo a la venta.

La subasta comenzó.

En menos de un minuto, las apuestas habían sobrepasado lo que la mayoría de los amos de esclavos pagarían por una joven de color. Mientras las apuestas continuaban ascendiendo, era aparente que dos hombres la querían. Entre sus apuestas, se reían sobre lo que harían con ella, y cómo el otro se lo perdería. El minero permanecía callado mientras se enfurecía en su interior cada vez más. Al final, un hombre dio un precio que estaba por encima de lo que el otro hombre podía ofrecer. La joven miró hacia abajo. El subastador cantó: «¡A la una! ¡A las dos!»

Justo antes de la última llamada, el minero cantó un precio que era justo el doble del de la apuesta anterior. Una cantidad que excedía el valor de cualquier hombre. El público se rió, pensando que el minero solo estaba bromeando, deseando poder tener a la joven en posesión. El subastador le pidió al minero que se acercara y mostrara el dinero. El minero abrió la bolsa de oro que había traído para el viaje. El subastador meneó la cabeza expresando su incredulidad mientras señalaba a la joven que viniese a él.

La joven bajó los escalones de la plataforma hasta que estuvo frente a frente con el minero. Ella le escupió en la cara y le dijo con dientes apretados: «¡Te odio!». El minero, sin decir palabra alguna, se limpió la cara, pagó al subastador, tomó a la joven de la mano, y se alejó del público que todavía se reía.

Él parecía estar buscando algo en particular mientras caminaban entre las calles. Finalmente se detuvo frente a una clase de tienda, a pesar de que la joven esclava no sabía qué clase de tienda era. Ella esperaba afuera mientras el minero con su cara sucia entró y comenzó a hablar con un anciano. Ella no podía entender de lo que estaban hablando. De repente se oyeron voces, y ella pudo escuchar al dependiente decir: «¡Pero es la ley! ¡Es la ley!». Mirando con atención, vio al minero sacar su bolsa de oro y vaciar todo lo que quedaba sobre la mesa.

Con lo que parecía una mirada de disgusto, el dependiente tomó el dinero y se marchó a una habitación en la parte de atrás. Regresó con un pedazo de papel, y tanto él como el minero lo firmaron.

La joven miró en otra dirección mientras el minero salía por la puerta. Estrechando la mano, le dijo a la joven: «Aquí están tus papeles de manumisión. Eres libre». La joven no alzó su mirada.

El minero lo intentó de nuevo. «Toma. Estos son los papeles que dicen que eres libre. Tómalos».

«¡Te odio!», dijo la joven, rehusando a alzar su mirada. «¡Por qué te burlas de mí!»

«No, escucha», suplicaba él. «Estos son tus papales de libertad. Eres una persona libre».
La joven miró los papeles, entonces lo miró a él, y luego volvió a mirar los papeles. «Tú me acabas de comprar… y ahora, ¿me pones en libertad?»

«Por eso te compré. Te compré para hacerte libre».

La bella joven cayó de rodillas frente al minero, con lágrimas sobre su rostro. «¡Me compraste para hacerme libre! ¡Me compraste para hacerme libre!», decía una y otra vez.

El minero no dijo nada.

Apretando sus botas enfangadas, la joven miró al minero y le dijo: «¡Todo lo que quiero hacer es servirte porque me compraste para hacerme libre!»

Aplicación:

En un momento todos éramos esclavos del pecado y la muerte. Pero Cristo vino a redimirnos, a pagar por nuestra libertad. Nos compró con su propia sangre, para que fuésemos libres. «El precio de su rescate no se pagó con cosas perecederas, como el oro o la plata, sino con la preciosa sangre de Cristo, como de un cordero sin mancha y sin defecto» (1 Pedro 1:18-19).

EL NIÑO Y EL CIRCO

Un niño pequeño que vivía en lo más recóndito del campo a finales del siglo XIX había alcanzado la edad de doce años y nunca había visto un circo en su vida. Te puedes imaginar su emoción, cuando un día colgaron un cartel en su escuela anunciando que el próximo sábado un circo ambulante estaría en el poblado cercano. El pequeño corrió a su casa con la buena noticia y la pregunta: «Papá, ¿podemos ir?». Aunque su familia era pobre, el papá sintió lo importante que esto era para el muchacho. «Si haces tus tareas del sábado con antelación», dijo, «me aseguraré de que tengas el dinero para ir».

Al llegar el sábado por la mañana, el pequeño había realizado las tareas y se encontraba junto a la mesa del desayuno vestido con su mejor ropa del domingo. El padre buscó en los bolsillos de su traje de faena y sacó un dólar; la mayor cantidad de dinero que el niño jamás había poseído en toda su vida. El padre le dijo que tuviese cuidado y lo envió en dirección al pueblo.

El niño estaba tan entusiasmado que sus pies parecían no tocar el suelo durante todo el trayecto. A medida que se acercaba a las afueras de la ciudad, él vio a personas alineándose en las calles, y poco a poco se fue acomodando hasta ver lo que estaba sucediendo. ¡He aquí, se acercaba la espectacular cabalgata del circo!

La cabalgata era lo más grande que este chico había visto. Animales enjaulados rugían mientras pasaban, las bandas tocaban sus ritmos y tocaban trompetas relucientes, los enanos hacían acrobacias mientras las banderas y los lazos se arremolinaban encima. Al final, después de que todo había pasado frente a donde él estaba, el tradicional payaso de circo, con sus zapatos flexibles, anchos pantalones, y su cara brillantemente pintada, empezó a animar a la multitud. Mientras el payaso pasaba, el niño metió su mano en el bolsillo y tomó el preciado dólar. Entregando el dinero al payaso, el niño se dio la vuelta y se marchó a su casa.

¿Qué pasó? ¡El niño pensó que había visto el circo cuando solo vio la cabalgata!

Aplicación:

¿Estás experimentando todo lo que tiene Dios para ti? La vida cristiana es una maravillosa experiencia, un recorrido excitante. Muchas personas –incluyendo cristianos– parecen estar contentos con flotar en el mar de la mediocridad, conformándose con el segundo lugar. ¿Quieres la vida abundante que Cristo prometió? ¿Quieres vivir la vida al máximo? Entonces apunta más alto. No te fijes la meta en cosas muy bajas. Decide ser todo lo que Dios te creó para que seas. Date por completo a Cristo, síguele completamente, y permite que el Espíritu Santo trabaje en ti y a través de ti. ¡Aún no has visto nada!

EL REVUELTO DE BRANDON

Había una vez un padre que tenía un hijo de tres años llamado Brandon.

Un día, Brandon ve a su padre comiendo galletas de chocolate en la sala y se dice a sí mismo: *Papá ama las galletas de chocolate con leche. Así que le voy a dar a papá un vaso de leche.* Con ese pensamiento, Brandon va al comedor y arrastra una de las sillas del comedor hasta la cocina, dejando en el suelo las marcas.

Brandon se sube a la silla y se engancha él mismo a la encimera para abrir la puerta del gabinete. ¡Zas! Choca contra la puerta del lado del gabinete dejando una hendedura donde chocó el mango. Brandon extiende el brazo en busca de un vaso, y sin querer deja caer otros dos de la repisa. ¡Zas! ¡Tilín, tilín! Pero a Brandon no le importa. Él está pensando: *¡Le voy a dar leche a mi papá!*

Mientras, el papá de Brandon está presenciando todo esto, pensando si debe intervenir y salvar el resto de la cocina. Él decide, de momento, ver un poco más mientras Brandon se baja de la silla, esquivando los pedazos de cristal roto y dirigiéndose al refrigerador.

Halando violentamente la puerta del refrigerador, Brandon la abre por completo, y la deja abierta, por supuesto. Brandon pone el vaso en el suelo —fuera de cualquier peligro, aparentemente— y toma, no el pequeño medio galón de leche, sino el galón entero que está lleno de leche. Rompiendo la tapa, lo derrama por los bordes del vaso, e incluso logra echar algo de leche en el vaso. El resto se derrama por el suelo.

Al fin, Brandon pone el envase de leche en el suelo, agarra el vaso y grita: «¡Papá, tengo algo para ti!» Corriendo hacia la sala de estar, se resbala, y derrama leche por todos sitios: el suelo, el sofá, el papá.

Brandon se detiene y mira a su alrededor. Ve el vaso roto, leche en todas partes, gabinetes abiertos, y su papá con leche de la cabeza a los pies, y empieza a llorar. Entre sus lágrimas, ve a su papá y con una expresión de dolor que dice: «¿Qué vas a hacer conmigo?».

Su papá solamente sonríe. No ve a un niño que acaba de destruir la casa. Al contrario, ve un hermoso niño a quien él ama mucho. No importa lo que ha hecho. El papá de Brandon estira sus brazos para abrazar fuertemente al niño y dice: «¡Éste es mi hijo!».

Aplicación:

Cuando hablamos de Dios como nuestro Padre, el tipo de padre del que estamos hablando es como el padre de Brandon. Dios es un padre que nos ama incondicionalmente, aun cuando hacemos un revuelto de las cosas. Jesús contó una historia similar sobre otro hijo que también hizo un desorden de las cosas. Llamamos esa historia «El hijo pródigo». También pudiese llamarse «La parábola del padre amoroso» porque, al igual que el papá de Brandon, el padre en la historia estrechó sus brazos alrededor de su hijo y dijo, «¡Éste es mi hijo!» (Ver Lucas 15:11-32).

ATRAPADOS EN UNA TORMENTA DE NIEVE

Un hombre que estaba escalando en las montañas de Chugach, Alaska, esperaba llegar al campamento antes que la tormenta de nieve comenzara. Él ya iba muy tarde. La tormenta dio con tal furia que él no podía ver siquiera a un metro frente a su cara. La ventisca de nieve y hielo le derribaba mientras luchaba por encontrar su camino. Aunque sabía que estaba a corta distancia del campamento, había perdido su sentido de la orientación y no podía determinar qué camino seguir. Finalmente, en la oscuridad de la noche, se desplomó en un banco de nieve... frío, mojado, y totalmente agotado. No podía seguir adelante. Se resignó a morir.

Mientras yacía en la nieve, le pareció oír algo: un grito, como los gemidos de un cachorro. Llamó e intentó arrastrarse hacia el sonido. Efectivamente, era un perro que también estaba perdido en la tormenta. El cachorro de alguna forma se había separado de su madre y se estaba helando hasta la muerte. El hombre rápidamente comenzó a frotar la piel del perro, tratando de mantener su circulación sanguínea para que pudiese sobrevivir. Calentó el perro con el aliento de su boca, continuando toda la noche para mantener al perro vivo.

Al día siguiente, exploradores del poblado encontraron al hombre y al perro vivos. Descubrieron que el hombre, al mantenerse activo tratando de mantener el perro vivo durante la noche, se mantuvo vivo también.

Aplicación:

Cuando servimos a otros, les hacemos mucho bien. Más importante aun, quizá, nosotros somos los que cambiamos. Nos beneficiamos. Crecemos. Nos convertimos más como Cristo. Si te sientes espiritualmente vacío, quizá necesites pensar menos en ti y servir a otros. El camino a la sanidad espiritual es darse a otros.

LA GALLINA Y EL CERDO

Una gallina y un cerdo fueron caminando por la calle un día y vieron a unos niños pobres que parecía que no habían comido nada durante días.

Llena de compasión, la gallina dijo al cerdo: «¡Tengo una idea! Vamos a dar a los niños un buen desayuno de jamón y huevos».

Considerando la sugerencia de la gallina, el cerdo va y dice: «¡Bueno, para ti, supondría un pequeño sacrificio; pero para mí, implicaría un compromiso total!».

Aplicación:

Cuando Jesús vino a salvarnos del pecado, sabía que le costaría su vida. Con todo fue a la cruz para ofrecernos la vida eterna. Su compromiso con nosotros era total.

Como el cerdo en la historia, nuestro compromiso con Cristo debe ser más que un pequeño sacrificio de tiempo, energía y dinero. Debe involucrar nuestra vida completa, todo lo que nosotros somos. Cuando venimos a Cristo, debemos estar dispuestos a vivir el mismo compromiso total que Jesús modeló. Jesús dijo: «Si alguien quiere ser mi discípulo, tiene que negarse a sí mismo, tomar su cruz y seguirme» (Mateo 16:24).

ESCOGIENDO A MARÍA

La siguiente carta aparece en un libro de Dan Taylor llamado Cartas a mis hijos *(InterVarsity Press, 1989). Dan está escribiendo a su hijo Matthew.*

Querido Matthew,

Cuando yo estaba en sexto grado era un de los mejores estudiantes del país. Era inteligente, atlético, astuto, elegange e increíblemente amable. Las cosas empeoraron rápidamente cuando estaba en la enseñanza media, pero al menos durante este año, lo tenía todo.

Desafortunadamente, también tenía a la Srta. Owens como profesora auxiliar. Ella ayudaba al Sr. Jenkins, nuestro profesor principal. Ella sabía que aunque yo era increíblemente bueno e inteligente, había algunas cosas en las que tenía que mejorar.

Una de las cosas que se esperaba aprender en la escuela primaria era a bailar. Al principio mis padres tenían sus reservas, pero ya que se trataba de un baile de figuras, no había problema alguno.

Cada vez que comenzábamos a trabajar con nuestro baile, hacíamos algo terrible. Todos los niños se alineaban a la puerta de nuestra clase. Entonces, uno a uno, cada niño escogía a una niña como su pareja. Todas las niñas se quedaban sentadas en sus escritorios. A medida que era escogidas, dejaban sus escritorios y se unían a los mocosos que las habían honrado con su favor.

Créeme, a los niños no les gustaba hacer esto; al menos, a mí no me gustaba. Pero ponte en el lugar de una de esas niñas. Piensa en esperar a ser escogida. Piensa en ver quién era escogida antes que tú. Piensa en que serías escogida por alguien a quien no soportas. ¡Piensa en preocuparte si al final serías escogida o no!

Piensa en si fueses María. María se sentaba en la parte delantera de la clase hacia el lado derecho. Ella no era preciosa. No era brillante. No era astuta. Era buena, pero eso no era suficiente en esos días. Y María definitivamente no era nada atlética. De hecho, tuvo polio o algo parecido cuando era más pequeña; tenía uno de los brazos que estaba levantado, y tenía una pierna mala, y para colmo, era algo gorda.

Aquí es donde la Srta. Owens entra en escena. Ella me tomó a un lado y me dijo: «Dan, la próxima vez que tengamos un baile, quiero que escojas a María».

Es igual que si me hubiese dicho que volara a Marte. Era una idea tan nueva e inconcebible que casi no la podía retener en la cabeza. ¿O sea que me quiere decir que escoja a alguien que no sea la mejor, la más hermosa, la más popular, cuando llegase mi turno? Eso era como quebrantar una ley de la naturaleza o algo parecido.

Y en ese momento la Srta. Owens hizo algo bien vil. Me dijo que era lo que un cristiano tenía que hacer. A partir de ahí yo sabía que estaba condenado. Estaba condenado porque sabía que ella tenía razón. Era exactamente lo que Jesús hubiese hecho. Estaba sorprendido, en realidad, de que aún no lo hubiese visto en el tablero de la Escuela Dominical: «Jesús escogió a la cojita para el baile de Yeshiva». Tenía que estar forzosamente en algún rincón de la Biblia.

Yo agonicé. Escoger a María iría en contra de toda el aura que había acumulado.

Llegó el día cuando tuvimos que bailar en figuras de nuevo. Si Dios realmente me ama, pensé, él hará que salga el último. Entonces escoger a María no causará ninguna conmoción. Habré hecho lo correcto, y no me costará nada.

Puedes adivinar dónde estaba en cambio. Por alguna razón, la Srta. Jenkins me puso el primero en la fila. Ahí estaba, con mi corazón palpitando; ahora sabía cómo algunas niñas se sentirían.

Los rostros de las niñas estaban vueltos hacia mí, y algunas sonreían. Miré a María y observé que estaba medio virada al final de la clase, con su cara mirando al pupitre. La Srta. Jenkins dijo: «Muy bien, Dan, escoge a tu pareja».
Recuerdo haberme sentido muy alejado. Escuché mi voz decir: «Escojo a María».
Nunca una virtud renuente ha sido tan gratificada. Todavía puedo ver su cara claramente en mi memoria. Ella levantó la cabeza, y en su cara, enrojecida de placer y sorpresa y bochorno todo al mismo tiempo, estaba la mirada de delicia e incluso de orgullo más genuina que había visto, antes o después. Era tan pura que tuve que mirar al otro lado porque sabía que no lo merecía.

María vino y tomó mi brazo, como habíamos sido instruidos, y caminó a mi lado, con pierna mala y todo, como una princesa.

María tiene mi edad ahora. Nunca la volví a ver después de ese año. No sé lo que ha sido de su vida o lo que esté haciendo. Pero quiero pensar que tiene al menos un buen recuerdo de al menos un día en sexto grado. Yo sé que lo tengo.

Tomado de *Cartas a mis hijos* de Daniel Taylor. © 1989 por Daniel Taylor. Utilizado con permiso de InterVarsity Press, P.O. Box 1400, Downers Grove, IL 60515

Aplicación:

Las buenas nuevas del evangelio es que hemos sido escogidos por Dios. Tú eres alguien especial en los ojos de Dios. Dios miró alrededor de todo el mundo y por alguna loca razón te vio a ti a mí y dijo: «Escojo a Jennifer; escojo a Natán, escojo a _____». El día más grandioso de tu vida fue cuando Dios te escogió. Sí, tú tienes la oportunidad de escoger aceptar a Cristo como Salvador, pero tú tienes ese privilegio porque él te escogió a ti primero. «No me escogieron ustedes a mí, sino que yo los escogí a ustedes y los comisioné para que vayan y den fruto, un fruto que perdure» (Juan 15:16).

EL PAYASO DEL CIRCO

El filósofo Søren Kierkegaard una vez me contó una historia de un circo que sufrió un incendio. Las llamas del circo se propagaron por todo el campo alrededor del circo y comenzaron a extenderse hacia el poblado cercano.

El dueño del circo, convencido de que el poblado sería destruido y que muchas personas morirían si no fuesen avisadas, preguntó si había alguien que pudiese ir al poblado para avisar a la gente. El payaso, vestido completo en su atuendo, se subió en una bicicleta y pedaleó colina abajo hasta el poblado cercano.

«¡Sálvese el que pueda! ¡Sálvese el que pueda! ¡Se aproxima un fuego y se va a quemar la ciudad!», gritaba mientras pedaleaba por las calles del poblado. «¡El pueblo se va a quemar! ¡Sálvese el que pueda!»
Los curiosos aldeanos salieron de sus casas y tiendas y se pararon en las aceras. Ellos le contestaban gritando al payaso, riéndose y aplaudiendo su espectáculo. Mientras más desesperado gritaba el payaso, más le aplaudían los aldeanos.

El poblado se quemó y la pérdida de vida fue grande porque nadie tomó al payaso en serio. Después de todo, él era solamente un payaso.

Aplicación:

Como el payaso en la historia, los pastores y sacerdotes juegan un papel en la iglesia que niega su mensaje cuando salen al mundo. No podemos esperar del clero, entonces, que lleve el mensaje del evangelio; el mundo no les toma en serio.

Por el contrario, depende de nosotros —personas ordinarias— el tomar a Jesús en serio e ir y predicar el evangelio al mundo. (Ver Marcos 16:15). No podemos esperar que el mundo tome el evangelio en serio si no estamos dispuestos a decirle a otros de Cristo y ser testigos de su poder y amor.

EL PRECIPICIO

Un día, un hombre llamado Jack estaba caminando por un alto y empinado acantilado cuando accidentalmente se acercó demasiado al borde y se cayó. En su descenso se agarró de una rama, que temporalmente aguantó su caída. Mirando hacia abajo contempló horrorizado que el cañón tenía una caída en vertical de más de trescientos metros. No podía quedarse colgado de la rama para siempre, y no había forma de que pudiese escalar la empinada pared.

Así que Jack comenzó a gritar pidiendo ayuda, esperanzado de que alguien que pasase le escuchara y le tirara una soga o algo. «¡AYUDA! ¡AYUDA! ¿Hay alguien que me ayude? ¡AYUDA!» Gritó por horas, pero nadie le escuchó. Estaba por darse por vencido cuando escuchó una voz.

«Jack. Jack. ¿Me puedes oír?»

«¡Sí, sí! Te puedo escuchar. ¡Estoy aquí abajo!»

«Te puedo ver, Jack. ¿Estás bien?»

«Sí, pero… ¿quién eres y dónde estás?»
«Soy el Señor, Jack. Y estoy en todas partes».

«¿El Señor? O sea, ¿Dios?»

«Ese soy».

«¡Dios, por favor ayúdame! Te prometo que si me sacas de esta, dejaré de pecar. Seré una buena persona. Te serviré por el resto de mi vida».

«Cuidado con las promesas, Jack. Vamos a sacarte de ahí; y entonces podemos hablar. Ahora, esto es lo que quiero que hagas. Escucha con cuidado».

«Haré cualquier cosa, Señor. Solamente dime qué tengo que hacer».

«Okay. Suelta la rama».

«¿Qué?»

«Dije, que sueltes la rama. Solo confía en mí. Suéltate».

Hubo un largo silencio. Finalmente Jack gritó: «¡AYUDA! ¡AYUDA! ¿HAY ALGUIEN MÁS ALLÍ ARRIBA?».

Aplicación:

¿Alguna vez te has sentido como Jack? Decimos que queremos saber la voluntad de Dios, pero cuando encontramos lo que es, no podemos hacernos cargo. Suena muy espantoso, muy difícil. Decidimos mirar a otra parte.

Una parte del discipulado es simplemente confiar en Dios; confiar que él sabe lo que es mejor para nosotros. Jesús dice: «Carguen con mi yugo y aprendan de mí...Porque mi yugo es suave y mi carga es liviana» (Mateo 11:29-30). Esto simplemente significa que Dios no está tratando de hacer la vida difícil o imposible para nosotros. Él siempre estará ahí para nosotros. Cuando él dice: «Deja las cosas que están entre tú y yo, y confíame tu vida», suena realmente espantoso. Pero cuando confiamos en él, encontramos libertad y seguridad en sus manos.

EL ATAÚD

Un episodio del viejo programa de televisión «Alfred Hitchcock Presents» trataba sobre una hermosa mujer que estaba cumpliendo una sentencia de por vida en una cárcel. Molesta y resentida por su situación, decidió que prefería morir antes que vivir otro día en prisión.

A través de los años ella se hizo buena amiga de uno de los vigilantes de la prisión. Su trabajo, entre otros, era enterrar en un cementerio justo a las afueras de las paredes de la prisión a aquellos prisioneros que habían muerto. Cuando un prisionero moría, el vigilante sonaba una campana que todos podían escuchar. El vigilante entonces tomaba el cuerpo y lo ponía en un ataúd. A continuación, entraba a su oficina a completar el certificado de defunción antes de volver al ataúd para sellarlo. Por último, ponía el ataúd en un vagón para llevarlo al cementerio y enterrarlo.

Conociendo esta rutina, la mujer ideó un plan de fuga y se lo confió al vigilante. La próxima vez que la campana sonase, la mujer abandonaría su celda y se escondería en el cuarto oscuro donde se guardaban los ataúdes. Ella se metería en el ataúd con el cuerpo muerto mientras que el vigilante estuviese completando el certificado de defunción. Cuando el vigilante regresase, él sellaría el ataúd y lo llevaría a las afueras de la prisión con la mujer en el ataúd junto al cuerpo sin vida. Después enterraría el ataúd. La mujer sabía que habría suficiente aire para poder respirar hasta que llegase la noche, cuando el vigilante regresase al cementerio bajo la cubierta de la oscuridad para desenterrar el ataúd, abrirlo y dejarla libre.

El vigilante no estaba muy dispuesto a colaborar con el plan, pero como él y la mujer se habían hecho buenos amigos a través de los años, accedió a hacerlo.

La mujer esperó varias semanas antes de que alguien muriera en la prisión. Estaba dormida en su celda cuando escuchó el sonido de la campana de la muerte. Se levantó, forzó el seguro de su celda, y comenzó a caminar lentamente por el pasillo. Estuvo a punto de ser descubierta dos veces. Su corazón latía con rapidez. Abrió la puerta de la oscura habitación donde se guardaban los ataúdes. Silenciosamente en la oscuridad, ella encontró el ataúd que contenía el cuerpo muerto, se metió cuidadosamente en él, y bajó la tapa esperando hasta que el vigilante viniera y cerrase el ataúd.

Pronto escuchó varios pasos y los golpes de martillo sobre los clavos. Aunque se sentía incómoda dentro del ataud con el cuerpo muerto, sabía que cada clavo la acercaba más a su libertad. El ataúd fue levantado al vagón y llevado fuera al cementerio. La mujer podía sentir cómo el ataúd era colocado en el suelo. Ella no hizo ningún ruido conforme el ataúd topaba con el fondo de la fosa. Por último escuchó el sonido de la tierra cayendo sobre la tapa del ataúd de madera, y sabía que era cuestión de tiempo hasta que consiguiese su libertad.

Tras varios minutos de silencio, ella comenzó a reírse. ¡Era libre! ¡Era libre!

Sintiéndo curiosidad, la mujer decidió encender un fósforo para ver la identidad del prisionero que estaba junto a ella. Para su horror, descubrió que estaba enterrada con el vigilante muerto.

La escena final se fundía en negro mientras que se escuchaba el grito de la mujer.

Aplicación:

Típico de las historias de horror de Hitchcock, esta tiene un final inesperado: uno no alegre.

Muchas personas piensan que tienen todo ya descubierto. Planifican pecar, vivir la vida bajo sus propias reglas, y al hacerlo obtener libertad y alegría. Al final, sin embargo, descubren la espantosa verdad: el pecado conduce a la muerte y a la destrucción.

A través de Cristo podemos escapar de la pena del pecado. Podemos obtener libertad y alegría a través de él: «Así que si el Hijo los libera, serán ustedes verdaderamente libres» (Juan 8:36). No dejes que el pecado te lleve hasta la muerte. No hay escapatoria una vez que la tierra es echada sobre tu ataúd. «Porque la paga del pecado es muerte, mientras que la dádiva de Dios es vida eterna en Cristo Jesús, nuestro Señor» (Romanos 6:23).

REGRESANDO A CASA

Se cuenta una historia de un soldado que había llegado finalmente a casa después de haber luchado en Vietnam. Al llegar, él llamó a sus padres desde San Francisco.

«Papá, mamá, estoy de camino a casa, pero quiero pedirles un favor. Tengo un amigo que quiero traer a casa conmigo».

«Claro que sí», contestaron. «Nos encantaría conocerle».

«Hay algo que deben saber», su hijo continuó. «Él sufrió muchas heridas en la batalla. Al pisar una mina perdió un brazo y una pierna. No tiene lugar a dónde ir, y quiero que venga a vivir con nosotros».

«Siento lo que le ha pasado, hijo. Quizá podamos ayudarle a encontrar un lugar en el cual vivir».

«No, mamá y papá, quiero que venga a vivir con nosotros».
«Hijo», dijo el papá, «no sabes lo que estás pidiendo. Alguien con ese tipo de discapacidad sería una carga para nosotros. Tenemos nuestras propias vidas que vivir, y no podemos permitir que algo así interfiera con nuestras vidas. Creo que simplemente debes venir y olvidarte de ese tipo. Él encontrará una forma de arreglárselas solo».

En ese momento, el hijo colgó el teléfono. Sus padres no volvieron a saber más de él. Unos días después, sin embargo, recibieron una llamada de la policía de San Francisco. Su hijo había muerto tras haberse caído de un edificio, fue lo que les dijeron. La policía creía que se trataba de un suicidio.

Los padres angustiados volaron a San Francisco y fueron conducidos al depósito de la ciudad para identificar el cuerpo de su hijo. Lo reconocieron, pero para su horror también descubrieron algo que no sabían: su hijo solamente tenía un brazo y una pierna.

Aplicación:
Los padres de esta historia son como muchos de nosotros. Nos resulta fácil querer a aquellos que son de buen parecer o agradables de estar a su alrededor, pero no nos gusta la gente que nos molesta o nos hace sentirnos incómodos. Preferimos mantenernos alejados de las personas que no son saludables, hermosas, o inteligentes como nosotros.

Hemos de estar agradecidos que Dios no nos trata de esa forma. Dios nos ama con un amor incondicional que nos invita a su familia siempre, sin importar cuán descarrilados estemos.

Por su grande amor para con nosotros, debemos alcanzar a otros de la misma forma.

LA GRACIA COMPUTADORIZADA

Prácticamente a casi todo el mundo le gustan los juegos computadorizados. Uno de los mejores es «Flight Simulator» (Simulador de vuelo) de Microsoft. En la mayoría de las versiones del juego, puedes escoger un avión de propulsión o un jet, y puedes escoger también en cuál de los 180 aeropuertos de todo el país despegar o intentar aterrizar.

Solo después de haber adquirido las destrezas de aterrizaje y tras muchas horas de práctica puede un jugador evitar estrellarse con el avión y aterrizar a salvo. Todo es muy real. Te puedes estrellar contra el edificio Empire State en la ciudad de Nueva York, la torre Sears en Chicago, o contra el Space Needle en Seattle. Tu avión puede romperse en pleno vuelo, o romper la barrera del sonido sobre Dallas. Puedes caer en picado al Lago Michigan viajando a ochocientos kilómetros por hora.

Lo mejor del simulador de vuelo, sin embargo, es que es un juego que siempre te restaura. No importa lo que suceda, siempre puedes comenzar de nuevo. Cada vez que te caes y te quemas, te desprendes, o te zambulles en el océano, el juego siempre te recompone y te vuelve a colocar en la pista listo para despegar de nuevo.

Aplicación:

Es lo mismo con el Señor. Él es absolutamente fiel para perdonarnos y restaurarnos cuando cometemos errores y para ponernos nuevamente en acción, en el mejor de los casos con más sabiduría después de nuestras derrotas y malas decisiones. (Ver 1 Juan 1:9). Con Cristo nunca estamos fuera de juego. «Y después de que ustedes hayan sufrido un poco de tiempo, Dios mismo, el Dios de toda gracia que los llamó a su gloria eterna en Cristo, los restaurará y los hará fuertes, firmes y estables» (1 Pedro 5:10).

EL LADRÓN DE GALLETAS

Mientas esperaba en la terminal del aeropuerto para abordar su avión, una mujer estaba sentada leyendo el periódico. Previamente, ella había comprado un paquete de galletas en la tienda del aeropuerto para comérselas después de haberse subido al avión. Por el rabillo del ojo, notó que el hombre que estaba sentado junto a ella se estaba comiendo una galleta. Miró hacia abajo y vio que su paquete de galletas había sido abierto y el hombre se las estaba comiendo.

La mujer no podía creer que el hombre tuviese tal atrevimiento como para comerse sus galletas. Así que para que el hombre no le quitase todas sus galletas, poco a poco se fue acercando, tomó una galleta, y se la comió ella misma. Para su asombro, el hombre continuó comiéndose más galletas. Volviéndose cada vez más irritada, la mujer sacó todas excepto una de las galletas del paquete y se las comió.
En ese momento, el hombre metió la mano y tomó la última galleta. Antes de comérsela, sin embargo, rompió la galleta en dos y dejó la mitad de la galleta para la mujer. Esto hizo que la mujer se enfadara tanto que tomó el paquete vacío con la media galleta y lo metiera en su bolso.

En ese momento, y para su asombro, notó que dentro de su bolso había un paquete de galletas sin abrir.

Aplicación:

Algunas veces cuando juzgamos o condenamos a otros, terminamos juzgando o condenándonos nosotros mismos. La Biblia habla de esto en Lucas 6:37: «No juzguen, y no se les juzgará. No condenen, y no se les condenará». ¿Alguna vez te has precipitado en pasar juicio sobre otra persona? Cuando hacemos eso, nos ponemos en una situación precaria y en ocasiones embarazosa. Verifica todos los hechos, haz preguntas, escucha cuidadosamente, y da a las personas el beneficio de la duda.

CANICAS MORTALES

(Esto está basado en una historia real).

El mexicano que había cargado toda la chatarra de un montón de basura del sur de Arizona en la parte trasera de su vieja camioneta estaba entusiasmado. Esta gran carga suponía comida en la mesa y dinero en su bolsillo una vez que cambiase el metal por dinero en efectivo en el reciclaje de chatarra en México.

Mientras el camión se dirigía a la autopista, pequeñas canicas de metal procedentes de una antigua máquina dental de rayos X comenzaron a esparcirse por la parte trasera de la camioneta. Estas pequeñas canicas radioactivas chocaban contra los metales y se movían de un lado a otro. Algunas cayeron sobre la autopista.

Después de que hubiese cambiado el metal por pesos, el hombre se dirigió rápidamente al poblado, con algunas bolas de metal aún rodando por las ranuras de la caja trasera. En poco tiempo, los niños descubrieron los brillantes, relucientes tesoros, y el juego de las canicas se hizo popular en el poblado. Las bolas era una codiciada pieza para la colección de vidrios, ojos de gato, y jumbos de cualquier niño.

En poco tiempo, muchos en el poblado comenzaron a quejarse de síntomas similares: sarpullido rojo, fatiga, pérdida del cabello, vómitos. Tras muchos meses y varias muertes en el poblado, la verdad fue descubierta: decenas de personas habían caído gravemente enfermas por su exposición a la radiación de las canicas.

Las preciosas bolitas, tomadas, intercambiadas y atesoradas, se volvieron tanto preciosas como mortales.

Aplicación:

El pecado es como estas bolitas de metal. Aunque muchas veces aparenta ser inofensivo, inocente, y divertido para jugar con él, es siempre un veneno mortal (ver Job 20:12-15).

EL MERCADER DE DIAMANTES

Un rico mercader holandés estaba buscando comprar un diamante de cierto tipo para incluirlo en su colección. Un famoso distribuidor de Nueva York encontró tal piedra y le llamó para que fuera y la viese.

El mercader voló inmediatamente a Nueva York, donde el vendedor había designado a su mejor experto en diamantes para cerrar la transacción. Después de escuchar al asistente describir a la perfección cada detalle técnico del valor y belleza del diamante, el holandés decidió no comprarlo. Antes de marcharse, sin embargo, el dueño de la tienda salió y le preguntó: «¿Le importaría a usted si le muestro la piedra de nuevo?». El cliente aceptó.

El dueño de la tienda no repitió ni una palabra de las que el vendedor había pronunciado. Simplemente tomó la piedra en sus manos, fijó su mirada en ella, y describió la belleza de la piedra de una forma que revelaba el porqué la piedra se destacaba sobre las otras que él había visto en su vida. El cliente la compró inmediatamente.

Metiendo su nueva compra en el bolsiló de su chaqueta, el cliente le comentó al dueño: «Caballero, ¿me pregunto cómo es que usted pudo venderme esta piedra cuando su vendedor no pudo?».

El dueño contestó, «Ese vendedor es el mejor en el negocio. Sabe más de diamantes que cualquier otra persona, incluyéndome a mí, y le pago un alto salario por su conocimiento y experiencia. Pero le pagaría el doble si pudiese poner en él algo que le falta. Ve usted, él conoce los diamantes, pero yo los amo».

Aplicación:

Cuando llega el momento de hablarles de Cristo a otros, el asunto no es cuánto conocemos de Jesús, sino cuánto le amamos. Dios no está interesado en cuánto le conocemos sino en cuánto le amamos. Cuando realmente amamos a Jesús, amamos a otros también, y así es como las buenas nuevas del evangelio son trasmitidas (ver 1 Juan 4:7-12).

LA POLILLA EMPERATRIZ

Un hombre encontró unl capullo de una polilla emperatriz y lo llevó a su casa para poder ver cuando la polilla saliera de su capullo. Cierto día apareció una pequeña apertura. El hombre se sentó y observó la polilla por varias horas mientras forzaba su cuerpo para salir por el pequeño orificio. Entonces pareció parar de hacer cualquier progreso. Al hombre le parecía que la polilla había logrado romper el capullo lo más que pudo y se encontraba atrapada.

Para hacerle un favor, el hombre decidió ayudar a la polilla. Usando un par de tijeras recortó el remanente del capullo para que la polilla pudiese salir. Rápidamente la polilla emergió, pero tenía el cuerpo hinchado y alas pequeñas y arrugadas. El hombre continuó observando la polilla, esperando que las alas se agrandaran y expandieran para ser suficientemente capaces de soportar el peso del cuerpo, lo que simultáneamente haría que se contrajera a su tamaño correcto.

Pero ninguna de estas cosas sucedió. De hecho, la pequeña polilla se pasó el resto de sus días arrastrándose con un cuerpo hinchado y alas arrugadas. Nunca pudo volar.

El hombre en su bondad y prisa nunca entendió que lo restringido del capullo y el esfuerzo requerido para que la polilla pudiese salir por la pequeña apertura era la forma en la que Dios forzaba el fluido de su cuerpo a sus alas para que la polilla estuviese lista para volar una vez que lograra su libertad del capullo.

Aplicación:

Tal como la polilla puede solamente alcanzar libertad y vuelo como resultado de su lucha, en ocasiones necesitamos esforzarnos para convertirnos en todo lo que Dios tiene pensado que seamos. En ocasiones deseamos que Dios elimine nuestras batallas y quite todos los obstáculos; pero tal como el hombre lisió a la polilla emperatriz, nosotros también estaríamos lisiados si Dios hiciera eso para nosotros. Dios no elimina nuestros problemas y dificultades, pero él promete estar con nosotros en medio de ellos y utilizarlos para restaurarnos, haciendo de nosotros personas más fuertes y mejores (ver 1 Pedro 5:10).

ESQUIMALES CAZALOBOS

Según la tradición, así es como un esquimal cazador mata a un lobo.

En primer lugar, el esquimal cubre la navaja de su cuchilla con sangre de un animal y deja que se congele. Después le añade capa sobre capa de sangre hasta que la navaja de la cuchilla está completamente sellada con la sangre helada.

Seguidamente, el cazador coloca su navaja en el suelo con el filo hacia arriba. Cuando el lobo sigue con su sensible olfato la fuente del olor y descubre la carnada, la comienza a lamer, saboreando la fresca sangre helada. El animal comienza a lamer rápidamente, con más y más vigor, lamiendo la navaja hasta poner el filo agudo al descubierto. Febrilmente ya, con más y más intensidad, el lobo lame la navaja en la fría noche ártica. Su sed de sangre se hace tan grande que el lobo no se da cuenta de los afilados cortes del filo desnudo de la cuchilla en su propia lengua. Ni tampoco reconoce el instante en que su sed insaciable se está satisfaciendo con su propia cálida sangre. ¡Su apetito carnívoro continúa ansiando más hasta rayar el alba, cuando el lobo es encontrado muerto en la nieve!

Aplicación:

Muchos muchachos comienzan a consumir drogas, beber alcohol, fumar cigarrillos, o involucrarse en desprotegidos comportamientos sexuales por la misma razón que el lobo comienza a lamer la cuchilla de la navaja. Parece seguro y delicioso a primera vista, pero no llega a satisfacer. Más y más es deseado, y da como resultado una crisis… o la muerte.

No seas engañado por las tentaciones del pecado. Igual que el lobo, nos podemos escapar con ello por un tiempo. Con el tiempo, sin embargo, su verdadero carácter se revela. El pecado nos dirige a la muerte y a la destrucción. «Porque la paga del pecado es muerte» (Romanos 6:23).

EXCUSAS, EXCUSAS

La siguiente es una colección real de excusas para faltar a la escuela que fueron enviadas por estudiantes y publicadas en la revista *Seventeen*. Los padre (o hijos) que escribieron estas notas, prestaron más atención a excusarse, que a lo que escribían:

Mi hijo está bajo el cuidado de un médico y no pudo asistir a su clase de Educación Física ayer. Por favor «ejecútelo».

Por favor excuse a Tom por sus ausencias el 28, 29, 30, 31, 32 y 33 de enero.

Por favor excuse a Danny por ser. Fue culpa de su padre.

Julia no pudo ir a la escuela ayer porque estaba molesta por venas bien cerradas.

Por favor excuse a Timothy por ausentarse la semana pasada. No pudo hablar por culpa de Larin y Gitis.

Por favor excuse a Nancy por permanecer en casa. El doctor indicó que sus pulmones están demasiado llenos para salir afuera.

Por favor excuse a Margaret de gimnasia ayer porque ella estaba «administrando».

Por favor excuse a Robert por estar ausente. Tenía un resfriado y no podía reproducir bien.

Aplicación:

La gente tiene todo tipo de excusas para las cosas que hace. Algunas son legítimas, algunas no. Un joven en Washington fue recientemente absuelto de cargos por asesinatos por razones de que estaba «moralmente lisiado». No era culpa suya—dijo el juez—de que él disparase y matase a un compañero de clase. Él tenía una excusa.

La vida, quizá desafortunadamente en algunas mentes, no es así. Tarde o temprano todos tenemos que asumir responsabilidad por quienes somos y lo que hacemos. No podemos seguir echándole la culpa de nuestro comportamiento a alguien o a otra cosa.

ILUSTRACIONES INOLVIDABLES | 55

La Escritura nos enseña que tendremos que rendir cuentas por nuestras acciones. (Ver Romanos 3:19). Cuando estemos ante el trono del juicio de Dios, no podremos darle una excusa de nuestras madres o de cualquier otro y esperar ser librados de culpa. Como Jesús dijo: «Pero ahora no tienen excusa para su pecado» (Juan 15:22).

Esa es la razón por la que Jesús vino. Él es nuestra excusa. Él es la nota que nos libra. Cuando le creemos y le seguimos como sus discípulos, somos liberados de nuestra culpa. Cristo se sienta con nosotros en el juzgado y dice: «Por favor excuse a _____. Él/ella me pertenece». Y a Dios le parece bien.

AFRONTAR LAS CONSECUENCIAS

¿Alguna vez has escuchado la expresión «Afrontar las Consecuencias»? Así es como surgió esta frase:

Muchos años atrás, un hombre quería tocar en la Orquesta Imperial, pero no podía tocar ni una nota. Sin embargo, dado que era una persona de mucha riqueza e influencia, él demandó que se le permitiese unirse a la orquesta para poder tocar frente al rey.

El director acordó permitirle sentarse en la segunda fila de la orquesta. Aun cuando no podía leer música, se le dio una flauta, y cuando comenzase un concierto, él levantaría su instrumento, arrugaría los labios, y movería los dedos. Él hizo todos los movimientos necesarios para tocar, pero nunca emitió un sonido.

Este engaño duró dos años. Pero un día un nuevo director se hizo cargo de la Orquesta Imperial. Le dijo a la orquesta que quería personalmente hacer una audición a todos los músicos para comprobar la calidad de sus ejecuciones. La audición eliminaría a todos aquellos que no pudiesen estar a su altura, y él los despediría de la orquesta.

Uno a uno los músicos tocaron en su presencia. Frenético de preocupación cuando le tocara su turno, el falso músico simuló estar enfermo. Sin embargo, el doctor al que se le encargó examinarle, le declaró en perfecto estado. El director insistió que el hombre apareciera y demostrara su habilidad.

Vergonzosamente, el hombre tuvo que confesar que era un farsante. Ese fue el día que tuvo que «afrontar las consecuencias».

Aplicación:

Muchos de nosotros vivimos la vida cristiana de un modo mecánico. Asistimos a la iglesia o a los grupos juveniles, recitamos versículos bíblicos, y decimos todas las cosas correctas. En realidad, no obstante, somos falsos. Llegará un día en el que todos seremos llamados ante el juez del cielo y de la tierra y «afrontaremos las consecuencias». Ninguno se podrá esconder en la multitud. Los músicos falsos serán separados de los verdaderos. (Ver Mateo 12:36-37 y 25:31-46).

TERMINA LA CARRERA

Las Olimpiadas de Barcelona en 1992 fueron escena de uno de los momentos más increíbles del atletismo.

El británico Derek Redmond había soñado toda su vida con ganar una medalla de oro en la carrera de los 400 metros, y su sueño estaba al alcance cuando la pistola sonó en las semifinales de Barcelona. Estaba corriendo la carrera de su vida y podía ver la meta según salía de la curva hacia la recta. De repente, sintió un agudo dolor en la parte trasera de su pierna. Se cayó de boca en la pista con el tendón de la corva derecha desgarrado.

La revista *Sports Illustrated* dejó constancia de los dramáticos eventos:

Mientras los asistentes médicos se acercaban, Redmon luchó por incorporarse. «Era instinto animal», diría más tarde. Él comenzó a brincar, en un intento alocado de terminar la carrera. Cuando llegó a la recta, un hombre grande en camiseta bajó de las gradas, empujó a un guardia de seguridad, corrió hacia Redmon, y lo abrazó. Era Jim Redmon, el papá de Derek. «No tienes necesidad de hacer esto», le dijo a su hijo lloroso. «Sí, he de hacerlo», dijo Derek. «Muy bien», dijo Jim, «entonces vamos a terminarlo juntos».

Y lo hicieron. Luchando con el personal de seguridad, y con la cabeza del hijo a veces enclavada en el hombro de su padre, permanecieron en el carril de Derek hasta el final, con el público boquiabierto, y seguidamente levantándose, gritando y llorando.

Derek no consiguió la medalla de oro, pero sí se quedó con una increíble memoria de un padre que, cuando su hijo estaba en dolor, dejó su asiento en las gradas para ayudarle a completar la carrera.

Aplicación:

Eso es lo que Dios hace por nosotros. Cuando estamos experimentando dolor y estamos luchando por terminar la carrera, podemos tener la confianza de que tenemos un Dios que nos ama y que no nos dejará solos. Él dejó su lugar en el cielo para venir a nuestro lado en la persona de su Hijo, Jesucristo. «Y les aseguro que estaré con ustedes siempre», dijo Jesús, «hasta el fin del mundo» (Mateo 28:20).

FORMACIÓN EN V

¿Alguna vez te has preguntado por qué los gansos vuelan en una formación de V? Los científicos en Cal Tech sí se lo han preguntado. Utilizando sus computadoras y simuladores de vuelo se pusieron a trabajar y descubrieron la respuesta: las bandadas de gansos forman este patrón porque es la manera más fácil de volar.

La formación funciona de forma aerodinámica como si se tratase de una sola ala; es decir, el viento es distribuido equitativamente a todas las aves. Esto a su vez reduce la resistencia de cada ave individual. Veinticinco gansos volando juntos en una V pueden volar setenta por ciento más lejos que un ganso volando solo.

Dado que el ganso líder se sitúa un poco más atrás de la punta perfecta de la formación en V, las aves que le siguen reducen parte de su resistencia al viento y por consiguiente no tiene que trabajar más que el resto de las aves.

El beneficio de la corriente de aire del patrón en V (ya que actúa como una sola ala) funciona de ambas formas. Mientras que las aves que van al frente arrastran a aquellos que están detrás, el vuelo de los seguidores alivia a los que van al frente.

Aplicación:

De los gansos podemos aprender que, aunque vivimos en una sociedad que promueve el individualismo y la autodependencia, funcionamos con más eficacia en comunidad. Al igual que estos gansos, fuimos creados por Dios para trabajar juntos, servir juntos, y apoyarnos y motivarnos mutuamente. Cuando cooperamos y ayudamos a cada uno a triunfar, no solamente logramos mucho, sino que lo hacemos con menos estrés y dificultad. Vamos a hacerlo a la forma de Dios.

LOS MAGNÍFICOS WALLENDAS

El evento culminante de la exhibición del circo de los Ringling Brothers Barnum y Bailey Circus en el Cobo Hall de Detroit era el acto de la cuerda floja de la familia Wallenda, o los Magníficos Wallendas, como eran conocidos. Ellos eran considerados uno de los más grandiosos caminantes de la cuerda en toda la historia del circo.

Uno de sus actos era caminar por la cuerda en una formación de una pirámide de cuatro niveles. Cuatro o cinco hombres formaban el primer nivel, dos o tres hombres formaban el segundo nivel, dos más el tercer nivel, y finalmente una pequeña niña coronaba la pirámide. Manteniendo esta pirámide de cuatro niveles, ellos caminaban a través de la cuerda desde un extremo del estadio al otro. Era increíble y no tenía precedente. Lo hicieron noche tras noche, mes tras mes por todo el mundo.

Una noche en particular, a la conclusión del evento, la pirámide de cuatro niveles estaba por comenzar. La audiencia estaba tensa en anticipación, sentados en total silencio en todo el estadio. Las luces enfocaron a los Wallendas en el aire mientras comenzaban a moverse por la cuerda. Alrededor de dos terceras partes del camino, sin embargo, a uno de los hombres del primer nivel, al joven Dede Wallenda, le comenzaron a temblar las rodillas. Él gritó en alemán: «¡No puedo aguantar más!». Y con eso, se cayó, y la pirámide se colapsó por completo. Muchos de los Wallendas cayeron al vacío desde una gran altura. Algunos de ellos quedaron lisiados de por vida y uno de ellos murió.

Aplicación:

¿Alguna vez te has sentido como Dede Wallenda? Las presiones de la escuela, las tareas, los padres, familiares o amigos te presionan hasta que te dan ganas de gritar: «¡Ayuda! ¡No puedo aguantar más!». Mientras afrontamos esos momentos, necesitamos rodearnos de amigos que nos amen y tenemos que seguir esperando en Cristo. Eso es de lo que la iglesia se trata. La iglesia no existe para presionarnos más, sino para apoyarnos y proporcionarnos la ayuda que necesitamos para sobrevivir en el mundo.

Cuando sientes que tus rodillas están a punto de fallarte, ven a Cristo. Ven a su gente, la iglesia. «Vengan a mí todos ustedes que están cansados y agobiados, y yo les daré descanso» (Mateo 11:28).

HUELLAS EN LA ARENA

Se cuenta una historia de un hombre que soñó que estaba al final de su vida. Veía su vida como si fuese un paseo por la playa con Jesús. Al mirar atrás su vida veía dos pares de huellas en la arena durante casi todo el camino; un par de huellas eran las suyas, y las otras de Jesús. Sin embargo, se dio cuenta que muchas veces en el camino de su vida solamente había un par de huellas en la arena. También notó que sucedía en los momentos más bajos y tristes de su vida.

Esto realmente le molestó al hombre, y le preguntó al Señor al respecto. «Señor, tú dijiste que nunca me dejarías o me abandonarías. Dijiste que cuando decidiera seguirte, caminarías conmigo todo el camino. Pero he notado que durante los períodos más difíciles de mi vida, solamente hay un par de huellas. No entiendo por qué, cuando te he necesitado más, me hayas dejado solo».

Jesús contestó: «Mi hijo, quiero que sepas que te amo y que nunca te voy a dejar. Vuelve a mirar a esas huellas. Durante tus tiempos de dificultad y sufrimiento, las huellas que viste fueron las mías. Te estaba cargando en brazos».

Aplicación:

Podemos estar seguros de que cuando estemos atravesando por tiempos difíciles en la vida, Dios siempre está con nosotros. Nunca dudes de su presencia, aun cuando no puedes sentirle o verle en el momento. Él guarda su palabra: «Nunca te dejaré; jamás te abandonaré» (Hebreos 13:5).

FRANCIA, 1943

Un grupo de hombres, mujeres y niños se habían amontonado en la estación del tren. Vestidos para un viaje largo y parados junto a sus maletas, ellos hablaban en tonos bajos. Hombres armados en sus uniformes sombríos de la SS, el terror del ejército Nazi, rodeaban a los viajeros.

Las personas que temblaban en la plataforma no eran criminales. Eran judíos, judíos franceses que habían sido sacados de sus casas por los soldados de la ocupación y franceses simpatizantes de los Nazis.

Los franceses no judíos veían desarrollarse estos eventos con alarmante preocupación. Después de todo, estas personas eran sus vecinos y amigos. El grupo incluía al relojero y a su familia, al muchacho que vendía el periódico, a la anciana que hacía bellos tejidos. Ahora todos estaban siendo «trasladados».
Las nubes de humo podían verse desde antes que se escuchara el tren. La gente miraba nerviosamente hacia la plataforma del tren mientras la negra locomotora que entraba a la estación arrojando hollín hacia su parada.

Guardias armados llevaron a los judíos a los vagones del tren. Se subieron al tren cooperando y sin poner resistencia alguna. Observadores preocupados se preguntaban por qué estaba sucediendo esto; pero se decían a sí mismos que las cosas iban a marchar bien, que no había necesidad de preocuparse de estos amigos y vecinos. Estaban en buenas manos.

¿Cómo podían creer esto? Porque sobre la puerta de cada vagón aparecía escrito con esmero en francés el tranquilizador logo: «Compañía Benéfica de Transporte».

Aplicación:

A nosotros también se nos puede calmar para que sintamos apatía o engañar para hacernos inactivos mediante eslóganes del mundo. Somos dócilmente dirigidos a nuestra propia destrucción. Considera la televisión, por ejemplo. ¿Cómo algo tan entretenido puede ser peligroso? Aunque parece sano —e incluso bueno— presenta un sistema de valores que socava la santidad del matrimonio, las familias, la moralidad, la iglesia, el respeto por la vida, y el evangelio de Cristo. Es solamente otro vagón que a simple vista parece inocente, como esos que llevaron a millones de judíos a las cámaras de gas.

«Practiquen el dominio propio y manténganse alerta. Su enemigo el diablo ronda como león rugiente, buscando a quién devorar» (1 Pedro 5:8).

PROCLAMANDO LA PALABRA

Una leyenda cuenta del regreso de Jesús al cielo luego de su tiempo en la tierra. Regresó llevando consigo las marcas de su peregrinaje en la tierra con su cruel cruz y vergonzosa muerte.

El ángel Gabriel se le acercó y le dijo: «Maestro, tú tuviste que haber sufrido terriblemente con la gente abajo».

«Así fue», dijo Jesús.

«Y», continuó Gabriel, «¿conocen todo sobre cómo tú les amas y lo que hiciste por ellos?».

«Oh, no», dijo Jesús. «Aún no. Ahora mismo, solamente un puñado de gente en Palestina lo sabe».

Gabriel estaba perplejo. «¿Entonces qué has hecho», preguntó, «para dejarle saber a todas las personas sobre tu amor por ellos?».

«Pues, le pedí a Pedro, Santiago, Juan, y otros más que le contaran a las personas de mí. A aquellos que se les diga a su vez se lo dirán a otros, y el evangelio se expandirá hasta las regiones más lejanas del globo. Finalmente, toda la humanidad habrá escuchado de mí y de lo que hice a favor de ellos».

Gabriel frunció el ceño y miraba escépticamente. Sabía que la gente no era confiable. «Sí», él dijo, «¿pero qué tal si Pedro y Santiago y Juan se cansan? ¿Qué tal si las personas que vienen detrás se olvidan? ¿Y qué tal, tan lejano como para el siglo veinte y veintiuno, la gente está demasiado ocupada para contarle a otros de ti? ¿Has hecho algún otro plan?».

«No, no he hecho otros planes, Gabriel», contestó Jesús. «Estoy contando con ellos».

Aplicación:

Ha sido dicho que la fe cristiana está a una generación de ser extinguida. Esto es porque con cada generación comienza la responsabilidad renovada de llevar las nuevas buenas del evangelio al mundo. ¿Estás haciendo tu parte? «Por tanto, vayan y hagan discípulos de todas las naciones, bautizándolos en el nombre del Padre y del Hijo y del Espíritu Santo» (Mateo 28:19).

EL GUANTE

(Mejor presentado como una lección con objeto, la ilustración solo requiere de un guante).

Sorprendentemente, un guante puede hacer muchas cosas: recoger un libro, decir adiós, rascar mi cabeza, darle una palmada a alguien en la espalda, o darle una bofetada a alguien en la cara. (Ponte el guante en la mano y demuestra cómo el «guante» puede hacer estas u otras cosas).

En cambio, este guante no puede hacer nada si saco la mano del mismo. (Demuéstralo). Todo lo que puede hacer es estar ahí. Le puedo gritar, enojarme con él, intentar enseñarle una lección, pero no serviría para nada. No puede hacer nada por sí mismo. Sin mi mano dentro, el guante no es más que una pieza ordinaria de tela (o cuero o cualquier cosa de lo que esté hecho).

Aplicación:

La gente, como es el caso de este guante, puede hacer poco de real consecuencia por sí misma. En la carne somos débiles, pero con Cristo somos fuertes. Cuando mi mano está dentro del guante, este puede hacer todo lo que mi mano quiera. En Filipenses 4:13, Pablo me enseña que soy como el guante. Por mí mismo nada puedo hacer. Pero con Cristo en mí, puedo hacer cualquier cosa que Cristo quiera que haga. Él es quien me da la fuerza y la habilidad para hacerlo. Podemos estar seguros de que si obedecemos a Cristo, él estará con nosotros y nos dará la fuerza para hacerlo.

EL MEJOR BATEADOR DEL MUNDO

Un niño fue escuchado hablando solo mientras se paseaba majestuosamente en su patio trasero, vistiendo su gorra de béisbol y cargado con un bate y una pelota. «Soy el mejor bateador del mundo», anunciaba. Entonces tiraba la pelota al aire, hacía el movimiento para batear, y fallaba. «¡Strike Uno!», gritaba. Impávido, tomaba la pelota y decía nuevamente: «¡Soy el mejor bateador del mundo!». Tiraba la pelota al aire. Cuando descendía, hacía otra vez el movimiento para darle y fallaba. «¡Strike Dos!», gritaba.

El niño entonces hizo una pausa momentanea para examinar su bate y pelota cuidadosamente. Escupió en sus manos y se las frotó. Enderezándose la gorra dijo de nuevo: «¡Soy el mejor bateador del mundo!» Nuevamente tiró la pelota al aire e hizo el movimiento para darle. Falló. «¡Strike Tres!», el niño exclamó. «¡Soy el mejor lanzador del mundo!»

Aplicación:

Tu actitud determina cómo las circunstancias impactan tu vida. Las circunstancias del niño no habían cambiado, pero su actitud optimista lo impulsó a dar un significado motivante a lo que había ocurrido.

¿Qué dificultad estás atravesando ahora mismo? ¿Puedes hacer algo para cambiarlo? Si puedes, no esperes otro día; haz los cambios necesarios. Si no puedes cambiar las circunstancias, sin embargo, cambia de actitud; descubrirás que las circunstancias no tienen la última palabra.

LAS CARRERAS DE GALGOS

Las carreras de galgos, un popular deporte de apuestas en algunas partes del país, atrae a públicos que disfrutan viendo increíblemente elegantes y bellos perros correr lo más rápido que pueden alrededor de una pista. Contrario a las carreras de caballos, los galgos corren sin la asistencia de un jinete. Para mantener a los perros corriendo en la dirección correcta, son entrenados para perseguir un conejo mecánico hecho de piel que se lanza frente a ellos por todo el trayecto. Un hombre en la cabina de prensa controla electrónicamente la velocidad del conejo, manteniéndolo justo frente a los perros. Los perros nunca lo alcanzan.

Hace unos años, en una pista en Florida, una gran carrera estaba a punto de comenzar. Los perros estaban agachados en sus jaulas, listos para salir, mientras que los espectadores terminaban de hacer sus apuestas. En el momento indicado, se disparó la pistola. El hombre en la tribuna de prensa empujó su palanca, impulsando al conejo por la primera parte de la pista, a la vez que las puertas de las jaulas se abrían, liberando a los perros para correr tras el pequeño conejo. Sin embargo, cuando el conejo terminó su primera vuelta, un cortocircuito en el sistema eléctrico causó que el conejo se detuviera, explotara y se incendiara. ¡Puff! Todo lo que quedó fue un pedazo de materia negra colgando de la cuerda.

Con su conejo esfumado, los desconcertados perros no sabían cómo actuar. Según los reportajes de noticias, varios perros simplemente dejaron de correr y se acostaron en la pista con la lengua afuera. Dos perros, aún en estado frenético por la carrera, se dieron contra una pared, rompiéndose varias costillas. Otro comenzó a perseguirse su propia cola, mientras que el resto aullaba al público en las gradas.

Ningún perro terminó la carrera.

Aplicación:

Al igual que los galgos corredores, la gente persigue a su conejo preferido. Los humanos necesitan una razón para vivir, para correr la carrera. ¿Cuál es tu meta, tu propósito en la vida, tu esperanza? ¿Qué pasaría si te los quitasen? Tristemente, muchos jóvenes persiguen una ilusión, algún tipo de conejo mecánico, que al final no ofrece esperanza alguna.

El apóstol Pablo escribió lo que le mantenía motivado para correr la carrera: «Porque para mí el vivir es Cristo y el morir es ganancia» (Filipenses 1:21). Jesús es el único que puede darnos un propósito, significado, y esperanza eterna. Más adelante Pablo escribió: «Sigo avanzando hacia la meta para ganar el premio que Dios ofrece mediante su llamamiento celestial en Cristo Jesús» (Filipenses 3:14). El conocer a Cristo es la única meta duradera y eterna.

EL DEPENDIENTE DE LA TIENDA DE COMESTIBLES

Jim Davis, un dependiente de una tienda de comestibles que amaba su trabajo, estaba orgulloso de la buena labor que hacía. Una de las cosas que más le fastidiaban era ver niños pequeños descontrolados y padres que gritan a sus hijos pero no hacen nada para corregir el insoportable comportamiento de estos.

Una noche, Jim le estaba cobrando a un cliente que tenía un carrito de compras lleno de comestibles. Mientras completaba la venta, un niño que se encontraba detrás de él comenzó a gritar por todo lo alto, y un hombre enfurecido respondió gritando: «¡Bájate!».

Qué imbécil, pensó Jim, sin levantar la mirada. Él siguió comprobando precios y pasando los artículos por el escáner. El niño que tenía a sus espaldas seguía llorando, y nuevamente escuchó al hombre gritar: «¡Bájate!». *Vaya unos padres*, pensó Jim. *Este tipo es un completo imbécil*. Él continuó verificando los precios sin levantar la mirada.

Cuando terminó de cobrarle al cliente, Jim levantó la mirada y dijo: «Son $89.95, señora». Al no ver a nadie, miró a su alrededor y se dio cuenta que todos, incluyendo su cliente, estaban tumbados boca abajo con la cara al suelo.

Jim se dio la vuelta a tiempo para ver al pistolero salir de la tienda. El dependiente que estaba detrás de él, aún en el suelo, dijo con calma: «Jim, sabías que la segunda vez que oíste «Bájate», te estaba apuntando con la pistola justo a tu cabeza».

Aplicación:

Podemos estar tan acostumbrados al ruido de nuestra cultura y a las distracciones del mundo que cuando escuchamos a alguien diciéndonos algo importante, lo rechazamos como si no tuviese importancia. ¿Cuántas veces ha tenido un padre, un maestro, o un líder juvenil que avisarte sobre los peligros del consumo de las drogas y del alcohol o de llevar otras conductas que pueden matarte? Lo oímos con tanta frecuencia que en algunas ocasiones ignoramos a los mensajeros, pensando que el aviso es para otra persona y que podemos seguir con nuestros asuntos como siempre.

Tú corres un gran riesgo cuando ignoras un mensaje tan importante, uno que pudiese salvar tu vida. Llegará el día en que no tendremos más oportunidades para aceptar el mensaje. «Hoy es el día de salvación» (2 Corintios 6:2).

EL FUEGO DE ANÍBAL

En el 218 antes de Cristo, el rey cartaginense, Aníbal, se paró sobre el puerto de Col de la Traversette en los Alpes y miró hacia abajo al poderoso ejército del Imperio Romano, el reino que él venía a destruir.

Inflamado con su odio, Aníbal dirigió a su andrajoso ejército en descenso por el lateral montañoso. Sin embargo, antes de poder materializar la búsqueda de su gloria, él tenía que eliminar un último obstáculo en su camino: una roca enorme, esculpida en el valle, que impedía su paso. Era imposible mover sus carros y vagones por el pasaje a no ser que la roca fuese desencajada y desalojada fuera del camino.

Los intentos para romper la roca con picos y palas fracasaron. Los sacrificios y encantamientos tampoco produjeron resultado alguno. Desesperado e impaciente, Aníbal gritó: «¡Quémenla!». A su casi muerto ejército, esta orden irracional parecía algo disparatado. Era imposible que Aníbal estuviese hablando en serio.

No obstante, en pocas horas árboles caídos fueron acumulados alrededor de la roca para alimentar el fuego que Aníbal había ordenado. Tras tumbar la madera, los soldados la incendiaron y vieron con fascinación cómo las llamas formaban un infierno alrededor de la roca. Al final, no pudiendo soportar el calor, la roca cedió con un ensordecedor crujido que se pudo oír por el fondo del valle. La impenetrable roca se había partido en dos. Aníbal y su ejército descendieron hacia los romanos, cambiando el curso de la historia para siempre.

Aplicación:

Muchas personas creen que es posible cambiar a la gente mala en buena con educación, un ambiente mejorado, incrementando la asistencia económica, o a través de programas especiales. Si bien esos programas puede que sean de gran ayuda, no son más que picos y martillos que solo causan rasguños a una enorme roca. Solamente Dios puede cambiar el corazón humano. En un sentido, cuando proclamamos las buenas nuevas del evangelio de Cristo (o cuando servimos a otros en el nombre de Cristo), colocamos alrededor de los corazones de las personas maderas para ser quemadas con el fuego del Espíritu Santo con el propósito de cambiar a la gente desde el interior.

EL REGALO DEL ERMITAÑO

Había una vez un viejo monasterio que había atravesado malos momentos. Siglos antes, había sido un monasterio de vanguardia donde muchos monjes vivían y trabajaban y tenían gran influencia sobre el reino. Pero ahora solamente cinco monjes vivían en él, y todos tenían más de setenta años. Estaba claro que se trataba de una orden a punto de extinción.

A pocas millas del monasterio vivía un viejo ermitaño que muchos pensaban era un profeta. Un día, mientras los monjes agonizaban sobre la inminente desaparición de su orden, decidieron visitar al ermitaño para ver si podía darles algún tipo de consejo a ellos. Quizá sería posible que viera el futuro y les enseñara cómo salvar al monasterio.

El ermitaño invitó a los cinco monjes a su choza, pero cuando le explicaron el propósito de su visita, el ermitaño solamente podía compadecerse de ellos. «Sí, entiendo la situación», dijo el ermitaño. «El espíritu ha abandonado a las personas. Ya no existe mucho interés en las cosas de antaño».

«¿Tiene usted algo que pueda decirnos», inquirió el abad al ermitaño, «que nos pueda ayudar a salvar el monasterio?»

«No, lo siento», dijo el ermitaño. «No sé cómo puede salvarse su monasterio. Lo único que puedo decirles es que uno de ustedes es un apóstol de Dios».

Los monjes estaban tanto desilusionados como confundidos por el mensaje oculto del ermitaño. Regresando al monasterio, se preguntaron lo que el ermitaño pudiese haber indicado con su declaración: «Uno de ustedes es un apóstol de Dios». Durante varios meses después de su visita, los monjes aún se preguntaban por el significado de las palabras del ermitaño.

«Uno de ustedes es un apóstol de Dios», reflexionaban. «¿Se habrá referido realmente a alguno de nosotros los monjes de este monasterio? Eso es imposible. Todos somos demasiado viejos. Somos demasiado insignificantes. Por otro lado, ¿qué pasaría si fuese cierto? Y si es cierto, ¿quién de nosotros es? ¿Creen que lo dijo por el abad? Sí, si se refirió a alguno, seguramente pensaba en el abad. Él ha sido nuestro líder por más de una generación. Por otro lado, podría haberse referido al Hermano Tomás. Verdaderamente el Hermano Tomás es un hombre santo; un hombre de sabiduría y conocimiento. No podría haberse referido al Hermano Elred. Elred puede ser caprichoso en algunos momentos y es difícil razonar con él. Por otro lado, casi siempre tiene razón. Quizá el ermitaño se refirió al Hermano Elred. Pero seguramente no hablaba del Hermano Felipe. Felipe es tan pasivo, tan tímido, realmente un don nadie. Aun así, él siempre está dispuesto a ayudarnos. Es leal y confiable. Sí, pudo haberse referido a Felipe. Por supuesto, no pudo haberse referido a mí. Soy una persona ordinaria. Pero, ¿y si lo hubiese hecho? ¿Supongamos que sí soy un apóstol de Dios? Oh Dios, yo no. No puedo ser tanto para ti. ¿O sí?»

Mientras contemplaban la situación de esta forma, los viejos monjes comenzaron a tratarse el uno al otro con extraordinario respeto en caso de que alguno de ellos pudiese ser realmente el apóstol de Dios. Y bajo el supuesto de que cada uno de los monjes pudiese ser el apóstol mencionado por el ermitaño, cada monje comenzó a tratarse a sí mismo con extraordinario respeto.

Dado que el monasterio estaba ubicado en un hermoso bosque, muchas personas venían a pasar el día en su pequeño césped y a caminar por sus veredas, y en ocasiones a meditar en la pequeña capilla. Mientras lo hacían, inconscientemente, comenzaron a sentir un aura de extraordinario respeto que ahora rodeaba a los cinco monjes y parecía que irradiaba de ellos, cubriendo el ambiente del lugar. Había algo extrañamente atractivo, y hasta irresistible, sobre el mismo. Prácticamente sin saber por qué, la gente comenzó a visitar el monasterio con más frecuencia para pasar el día, jugar, u orar. Comenzaron a traer a sus amigos para mostrarles ese lugar especial. Y sus amigos trajeron a sus amigos.

A medida que aumentaba el número de visitantes, algunos de los hombres más jóvenes comenzaron a hablar con los monjes. Al poco tiempo, uno preguntó si podía unirse a ellos. Y luego otro. Y otro. En pocos años, el monasterio se había convertido nuevamente en una orden floreciente y, gracias al regalo del ermitaño, en un centro vibrante de conocimiento y espiritualidad por todo el reino.

(Adaptado de M. Scott Peck, *The Different Drum*, Simon & Schuster, 1988).

Aplicación:

Algunas veces, tal y como los viejos monjes, nos preguntamos: «¿Cómo podemos atraer a más jóvenes a nuestros grupos juveniles? ¿Cómo podemos obtener nueva vida aquí y crecer, tanto numérica como espiritualmente?». Quizá la respuesta tiene que ver en cómo nos tratamos los unos a los otros. ¿Cómo tratamos a los otros? ¿Siempre estamos bajándole la moral a otros y creando un ambiente de crítica y negatividad? ¿O estamos tratando a otros con extraordinaria dignidad y respeto?

Juan 17 narra la oración de Jesús a su Padre por la iglesia, por ti y por mí. Él pidió que todos nosotros fuésemos uno para que el mundo nos creyese. Cuando nos preocupamos por los otros y nos tratamos con amor y respeto, entonces aquellos en el mundo comienzan a ver una iglesia atractiva, y hasta irresistible. Dejémonos de pelear y herirnos mutuamente y seamos uno en el cuerpo de Cristo.

EL IRREMEDIABLE PARTIDO DE BEISBOL

Recientemente los Padres de San Diego jugaron contra los Gigantes de San Francisco (sustituye los nombres con los de tus equipos preferidos aquí) en el estadio. Yo llevé a mi hijo al partido, esperando pasar un buen rato. Entregamos nuestras entradas en la puerta, compramos perros calientes, bebidas, maní, palomitas de maíz, Cracker Jacks, y un programa, y nos sentamos en nuestros asientos justo al lado de la línea de la primera base. Estábamos listos para ver un buen partido.

Sin embargo, al tope del primer innning, el lanzador de los Padres caminó a un bateador. A continuación procedió a caminar a un segundo bateador. Golpeando al tercer bateador con un lanzamiento, llenó todas las bases. Con el próximo bateador cedió un cuadrangular, con las bases llenas. Desafortunadamente (como muy pronto descubrimos), el entrenador dejó al lanzador, que procedió a caminar a dos jugadores más. Finalmente, el lanzador fue sustituido por un nuevo jugador, y ¡premio! El próximo bateador consiguió un triple, anotando dos carreras más. Al término del inning, los Gigantes superaban a los Padres siete a cero.

Incapaces de hacer algo en la segunda mitad del primer inning, los Padres regresaron rápidamente a los jardines. Las cosas fueron de mal en peor. En resumidas cuentas, antes de que el segundo inning finalizase, el marcador reflejaba catorce a nada.

Los jugadores lo sabían, y nosotros lo sabíamos; el partido se había acabado. Ni siquiera tuvimos oportunidad de comernos nuestros perros calientes. Algunos espectadores aún no habían llegado. Pero el partido se había acabado. No había forma de que los Padres se remontaran el catorce a cero.

Los jugadores se veían decepcionados. Los aficionados, molestos, empezaron a abuchear y a tirar cosas. La gente comenzó a abandonar el estadio. Qué desastre.

Comiéndome mi perro caliente, tuve una idea disparatada: ¿Qué pasaría si por algún acto de magia pudiese cambiar el marcador del partido a cero a cero, ahora mismo en el segundo inning? Con ese marcador, los jugadores tendrían una nueva esperanza. Su optimismo les motivaría a jugar con intensidad, lo que resultaría en la competición deseada por los aficionados para animar a sus equipos a la victoria. El partido volvería a ser emocionante e interesante; y nos podríamos terminar de comer toda esta comida chatarra.

Aplicación:

Volver el marcador a cero en un segundo inning malo es como funciona el perdón. El perdón restaura nuestra esperanza. Muchas personas se sienten agobiadas por el pecado. Las cosas se han salido de su cauce. Están perdiendo tanto que sienten como si su vida se hubiese ya acabado. La gente que se siente así normalmente termina quitándose la vida.

No obstante, el evangelio hace una cosa milagrosa. Aun cuando uno tiene una puntuación desesperanzadora que claramente muestra a Satanás ganando, Jesús es capaz de cambiar el marcador del partido a cero a cero nuevamente. Cuando nuestros pecados son perdonados, recibimos un nuevo comienzo; es un nuevo partido de béisbol. Volvemos a tener esperanza.

CÓMO ATRAPAR A UN MONO

Los cazadores nativos en las junglas de África tienen una forma ingeniosa para atrapar a los monos.

Parten un coco en dos, lo vacían, y en una mitad de la cáscara hacen un agujero lo suficiente grande para que la mano del mono pase. Luego colocan una naranja en la otra mitad del coco antes de pegar ambas partes del cascarón. Finalmente, aseguran el coco al árbol con una cuerda, se esconden en la jungla, y esperan.

Tarde o temprano, un mono desprevenido se balancea, huele la deliciosa naranja, y descubre su ubicación dentro del coco. El mono entonces mete su mano por el pequeño agujero, agarra la naranja, e intenta sacarla por el hueco. Por supuesto, la naranja no sale; es demasiado grande para el orificio. En vano, el persistente mono continúa tirando y tirando, sin percatarse en momento alguno del peligro que corre.

Mientras el mono lucha con la naranja, los cazadores simplemente llegan y lo capturan tirándole una red encima. Mientras el mono mantenga su puño cerrado alrededor de la naranja, está atrapado.

Aplicación:

Qué pena; el pobre mono podía salvarse si tan solo soltara la naranja. Raramente se le ocurre a un mono, sin embargo, que no puede tener la naranja y su libertad al mismo tiempo. La deliciosa naranja se convierte en una trampa mortal.

El mundo te pone trampas que no son tan diferentes a la trampa del mono. Oyes continuamente que si tienes suficiente dinero, suficientes cosas, suficiente poder, suficiente prestigio, entonces estarás contento. Bajo esa ilusión, la gente pasa sus vidas enteras intentando sacar naranjas de los cocos. No caigas en la trampa. No te dejes atrapar por el pensamiento de que tienes que tenerlo todo. Lo que el mundo ofrece aparenta ser delicioso, pero al final nos roba nuestra libertad, nuestra alegría, e incluso nuestras vidas.

Jesús dijo: «No acumulen para sí tesoros en la tierra, donde la polilla y el óxido destruyen, y donde los ladrones se meten a robar. Más bien, acumulen para sí tesoros en el cielo, donde ni la polilla ni el óxido carcomen, ni los ladrones se meten a robar» (Mateo 6:19-20). Jesús también dijo: «¿De qué sirve ganar el mundo entero si se pierde la vida?» (Marcos 8:36).

LA RECLAMACIÓN DE SEGURO

Un hombre que sufrió una lesión laboral llenó una reclamación de seguro. La compañía de seguros solicitó más información, así que el hombre le escribió a la compañía de seguros la siguiente carta de explicación:

Estimados señores:
Les escribo en respuesta a su solicitud concerniente a la clarificación de información que aporté en la sección #11 de la reclamación de seguro, en la que se me preguntaba sobre la causa de la lesión. Mi respuesta fue: «Intentando hacer el trabajo solo». Espero que la siguiente explicación sea suficiente.

Soy un albañil de oficio. El día de mi lesión, estaba trabajando solo, poniendo ladrillos alrededor de un edificio de tres plantas. Cuando terminé el trabajo, tenía alrededor de 300 kilos de ladrillos que habían sobrado. En vez de bajar los ladrillos a mano, decidí colocarlos en un barril y bajarlos utilizando una polea que estaba anclada en la parte superior del edificio.

Asegurando un lado de la cuerda al suelo, regresé a lo alto del edificio, cargué el barril con los ladrillos, y lo empujé a un lado del edificio. Lueo bajé de nuevo y solté la cuerda, aguantándola con seguridad para asegurar que el barril descendiera suavemente. Como notarán en la sección #6 de la reclamación de seguro, yo peso 65 kilogramos. Con el sobresalto de ser levantado del suelo abruptamente por los trescientos kilogramos de ladrillos en el barril, perdí mi sangre fría y olvidé soltar la cuerda.

Entre la segunda y la tercera planta me topé con el barril. Esta es la razón de los moretones y las laceraciones en la parte superior de mi cuerpo. Por fortuna, retuve suficiente sangre fría para aguantar mi soga fuertemente y avanzar con rapidez por el lado del edificio, sin parar hasta que se me quedó la mano trabada en la polea. Por eso tengo el pulgar roto (ver sección #4). A pesar del dolor, continué aguantando firmemente la cuerda. Por desdicha, y casi al mismo tiempo, el barril dio contra el suelo y el fondo se desprendió del mismo. Sin el peso de los ladrillos, el barril pesaba ahora alrededor de veintitrés kilogramos. De nuevo les remito a la sección #6 donde figura la cifra de mi peso. Comencé un rápido descenso.

En la proximidad de la segunda planta, me encontré con el barril que subía. Esto explica las heridas a mis piernas y la parte inferior del cuerpo. Habiendo aminorado la velocidad solo de forma leve, continué mi descenso, cayendo sobre el montón de ladrillos. Afortunadamente, solamente me doblé la espalda. Lamento informales, sin embargo, que en ese momento perdí nuevamente mi sangre fría y solté la soga.

Espero que estas respuestas respondan a sus inquietudes. Por favor, tengan presente que ya no volveré a hacer los trabajos solo.

Aplicación:

La vida cristiana no es fácil para vivirla «por tu propia cuenta». Necesitas a personas que se paren a tu lado para apoyarte y ayudarte a triunfar. Es por esto que Dios creó a la iglesia. No hay Llaneros Solitarios en la familia de Dios. Realmente nos necesitamos los unos a los otros. Somos una comunidad, una familia de fe, y cuando todos trabajamos juntos, podemos lograr grandes cosas para Cristo. (Ver 1 Corintios 12).

JESÚS Y EL EQUIPO DE FÚTBOL

En un campamento de verano de una escuela secundaria, meramente a dos semanas de la «semana infernal» de fútbol, mientras los jugadores asistían al entrenamiento de pretemporada, varios miembros del equipo universitario tomaron la decisión de seguir a Cristo en respuesta a la charla inspiradora del orador del campamento. Su charla se centró sobre cómo Jesús transforma a perdedores en ganadores. El domingo siguiente, esos jugadores asistieron a la iglesia.

«Qué bueno verles aquí», dijo el pastor cuando saludó a los jóvenes después del culto.

«Sí, pues, nos hemos convertido al Señor», dijo uno de los jóvenes.

«¡Como Jesús está en nuestro equipo, no podemos perder!», dijo otro.

«Bueno, estoy bien contento por ti», sonrió el pastor.

El sábado siguiente en la noche, una de las jóvenes del grupo juvenil notó que uno de los jugadores estaba parado frente a la casa de un vecino. Una fiesta estaba en todo su apogeo, y el joven estaba tambaleándose en el césped, aparentemente borracho. Ella lo vio orinarse frente a un vehículo estacionado de una amiga.

«¿Qué haces aquí?», ella cuestionó. «¿Pensé que habías aceptado al Señor?» Él rápidamente contestó: «¡Oye, eso no significa que no me puedo divertir! ¡No voy a dejar que Jesús o cualquiera otro me diga lo que tengo que hacer!»

Durante el transcurso de la temporada, el equipo perdió siete de sus ocho partidos. Aparentemente, a Jesús se le olvidó ponerse el uniforme. Uno a uno los jugadores que habían «aceptado al Señor» dejaron de asistir a la iglesia y a los grupos de jóvenes. Al final de la temporada, era difícil encontrar un solo jugador a diez kilómetros de la iglesia un domingo en la mañana.

Aplicación:

Sí, Jesús puede transformar a perdedores en ganadores, pero no en ganadores según como el mundo los define. Jesús dijo que la única forma de ganar es perdiendo. (Ver Mateo 16:25). Jesús mismo perdió su propia vida para poder lograr la victoria sobre el pecado y la muerte. Él es el máximo ganador, pero ganó pagando un alto precio. Jesús es nuestro ejemplo; él nos llama a convertirnos en sus discípulos y seguirle en obediencia costosa. Si estás siguiendo a Cristo por razones egoístas y no estás dispuesto en conformar tu vida a la de él, perderás. Por otro lado, si estás listo a perder tu vida por su causa, al final ganarás. Fe sin obediencia no es una fe legitima. (Ver Santiago 2:17).

EL LÍO EN LA JOYERÍA

(Esta historia es atribuida al filósofo Søren Kierkegaard).

Una noche, un grupo de ladrones se metieron en una joyería. Pero en vez de robar cualquier cosa, simplemente cambiaron las etiquetas de los precios. Al día siguiente nadie podía determinar lo que era valioso y lo que era barato. Las joyas caras de repente se habían convertido en baratas, y la bisutería, que previamente no tenía valor virtual alguno, ahora era de gran valor. Los clientes que pensaban que estaban adquiriendo las joyas valiosas estaban adquiriendo joyas falsas. Aquellos que no podían pagar los artículos marcados con precios altos estaban saliendo de la tienda con tesoros.

Aplicación:

En nuestro mundo alguien vino y cambio las etiquetas de los precios. Es difícil diferenciar lo que tiene valor de lo que no. Gran valor es dado a la acumulación de caudal material y al poder que consigo lleva. El mundo le pone un alto precio a la popularidad, el prestigio, la belleza y la fama. Pero Jesús enseñó que esas cosas no tienen valor virtual alguno en la única «joyería» que importa: el reino de Dios. «No acumulen para sí tesoros en la tierra, donde la polilla y el óxido destruyen, y donde los ladrones se meten a robar. Más bien, acumulen para sí tesoros en el cielo, donde ni la polilla ni el óxido carcomen, ni los ladrones se meten a robar» (Mateo 6:19-20).

EL ROMPECABEZAS

Una familia tenía el pasatiempo de juntar piezas de rompecabezas. El padre solía traer a casa rompecabezas de mayor y mayor dificultad. Una noche le presentó a la familia un rompecabezas de más de mil piezas. Inmediatamente le metieron mano. Sin embargo, trascurrida una hora, la familia estaba frustrada. No importa cuánto lo intentaran, no pudieron comenzar el rompecabezas.

El padre entonces descubrió que había invertido accidentalmente la tapa de la caja con la tapa de otro rompecabezas. La fotografía que estaban mirando no era la fotografía con la que estaban trabajando.

Aplicación:

Podemos sentirnos frustrados con Dios porque él no está de acuerdo con las expectativas que tenemos de él. Algunas veces nos frustramos con la iglesia porque no está a la altura de la iglesia ideal que tenemos preconcebida. Con frecuencia nos frustramos con otros porque no alcanzan las expectativas que tenemos de ellos.

Quizá debemos considerar si el problema en todos estos casos radica en que nosotros estamos basando nuestras expectativas en una visión distorsionada de Dios o de la iglesia o de otros. Quizá nuestras expectativas son ilusorias y nunca pueden llegar a realizarse porque tal vez estemos mirando al retrato de la caja equivocada.

También puede que nos sintamos frustrados con nosotros mismos porque no creemos que estemos a la altura de lo que otros quieren de nosotros o quizá lo que pensemos que Dios quiere de nosotros. La mayoría de las veces, sin embargo, nuestro problema es que intentamos convertirnos en la imagen de otra persona o cambiamos nuestra forma para ajustarnos a los estándares que otra persona pueda tener de nosotros. Dios nos creó para ser diferentes cada uno. Todos tenemos nuestra propia «imagen de la tapa de la caja», y de la única forma en que podemos triunfar en la vida es siendo nosotros mismos, permitiéndole a Dios que nos use de la forma que somos.

EL CANDIDATO

Hace años cuando el telégrafo era el método más rápido para la comunicación a larga distancia, un hombre completó una solicitud para un trabajo como operador de Clave Morse. Respondiendo a un anuncio de prensa, fue a la dirección de la oficina que figuraba en la solicitud. Cuando llegó, entró a una oficina concurrida y con mucho bullicio y ruido, incluyendo el sonido del telégrafo al fondo. Un aviso en el escritorio de la recepcionista instruía a los candidatos al puesto de trabajo a completar el formulario y esperar hasta que fuesen llamados a entrar a la oficina interior.

El hombre completó su formulario y se sentó con otros siete candidatos en la sala de espera. Tras unos minutos, el hombre se levantó, cruzó la habitación a la siguiente oficina, y entró. Naturalmente los otros candidatos miraron, preguntándose qué estaba sucediendo. Murmullaban entre ellos que no habían escuchado a nadie llamarles aún. Asumieron que el hombre que entró a la oficina cometió un error y sería descalificado.

A los pocos minutos, sin embargo, el patrono escoltó al hombre fuera de la oficina y le dijo a los otros solicitantes: «Caballeros, gracias a todos por venir, pero el puesto de trabajo acaba de ser cubierto».

Los otros candidadtos comenzaron a refunfuñar unos a otros, y uno alzo la voz diciendo, «Un momento, no entiendo. Él fue el último en llegar, y nosotros nunca tuvimos oportunidad de ser entrevistados. Sin embargo, él consiguió el trabajo. ¡Eso no es justo!».

El patrono dijo: «Lo siento, pero todo el tiempo que ustedes han estado sentados aquí, el telégrafo ha estado sonando el siguiente mensaje en Clave Morse: «Si entiendes este mensaje, entonces entra. El trabajo es tuyo». Ninguno de ustedes lo oyó o lo entendió. Este hombre sí. El puesto es de él».

Aplicación:

Vivimos en un mundo que está lleno de bullicio y ruidos, igual que esa oficina. La gente está distraída e incapaz de oir la calmada y pequeña voz de Dios mientras habla a través de su creación, en las Escrituras, o en la vida y obra de Jesucristo. ¿Estás sintonizado a la voz de Dios? ¿Le escuchas cuando te habla a ti? ¿Estás escuchando? «Éste es mi hijo amado...¡Escúchenlo!» (Mateo 17:5).

LA SARNA DE KEBBITCH

Hay una vieja historia judía de una mujer cuyo nombre era Ana Kebbitch. Ella era una quejosa. Todo el tiempo se estaba quejando:

«Tengo muy poco dinero, mis ropas parecen trapos viejos».

«Estoy tan mal de salud que mi espalda se siente como las murallas de Jericó».

«Debo caminar tan lejos para obtener agua que mis pies están como dos sandías».

«Mi casa es tan pequeña que casi no me puedo mover en ella».

«Mis hijos me visitan tan poco que casi no me conocen».

Un día, Ana Kebbitch se levantó con una sarna en la nariz. Se pasó todo el día con picor de nariz. Y fue al pueblo a visitar al rabino.

Cuando el rabino vio a Ana, le preguntó: «¿Cómo estás Ana?».

Ana contestó: «Tengo muy poco dinero, mis ropas parecen trapos viejos. Estoy tan mal de salud que mi espalda se siente como las murallas de Jericó. Debo caminar tan lejos para obtener agua que mis pies están como dos sandías. Mi casa es tan pequeña que casi no me puedo mover en ella. Mis hijos me visitan tan poco que casi no me conocen. Y ahora tengo esta sarna en la nariz que me fastidia enormemente. Dígame, Rabino, ¿qué significa todo esto?».

El rabino dijo: «Ana, tu sarna es la sarna de Kebbitch: la «sarna del quejoso». Su significado es este: Como quiera que te consideres a ti misma, así serás».

A la mañana siguiente, Ana se levantó y su nariz todavía le picaba. Casi no se podía mover. Su espalda se volvió de piedra como los muros de Jericó. Cuando miró a su alrededor, notó que su casa se había encogido hasta que sus brazos salían por las ventanas y sus piernas salían por la puerta. No se podía mover en ella. Al extremo de sus piernas había dos sandías. Sus ropas se habían convertido en trapos viejos. Cuando su hijo e hija llegaron caminando, Ana les llamó, pero continuaron caminando meneando sus cabezas; no la conocían.

Y su nariz continuaba picándole.

En su desesperación, Ana recordó el significado de la sarna de Kebbitch: *Tal como te consideres, así serás.*

¿Qué significaba esto?

Ana comenzó a pensar: *Tú sabes, tengo suficiente dinero para vivir y más. De ahora en adelante, voy a dar de mi abundancia a aquellos que no están tan bien. No estoy tan mal de salud. En verdad, para alguien de mi edad, me siento realmente bien. Estoy contenta de que tengo una preciosa casa en la cual vivir. No es grande, pero es acogedora y bastante cálida. En realidad no me molesta mi caminata cuando voy a buscar agua. Me encanta oler las flores por el camino. Y mis hijos, estoy muy orgullosa de que hayan adquirido su independencia y ahora pueden valerse por sí mismos.*

Milagrosamente, mientras Ana estaba diciendo estas cosas, su situación volvió a la normalidad, y su perspectiva de la vida cambió para siempre. Cuando los rabinos cuentan la historia de Ana, terminan con este dicho: Que sus narices les piquen para siempre.

Aplicación:

Quizá no tengamos la sarna de Kebbitch, pero se nos tiene que recordar que nuestra perspectiva afecta el resultado. Nuestra actitud marca la diferencia. ¿Te quejas todo el tiempo? ¿Esperas lo peor en otros? ¿Siempre te resientes cuando otros tienen más que tú o parecen estar mejor que tú? El resultado de ese tipo de pensamiento es: tu situación quizá empeore.

Por otro lado, si eres una persona positiva que ve el bien en otros, te regocijas en otros que están mejor que tú, y alabas a Dios por todo lo que te ha dado, recuerda esto: tu situación va a mejorar.

Los cristianos son personas positivas. Tenemos todas las razones para serlo.

EL BESO

En su libro *Mortal Lessons* (Touchstone Books, 1987) el médico Richard Selzer describe una escena en la sala de un hospital en la que tuvo que hacer cirugía sobre el rostro de una mujer joven:

Me paro al lado de la cama donde la mujer está acostada…su cara, postoperatoria…su boca torcida en parálisis…como si fuese un payaso. Una pequeña ramificación de su nervio facial, uno de los músculos de su boca, ha sido cortado. Ella estará así de ahora en adelante. Había seguido con fervor religioso la curva de su rostro, te prometo eso. No obstante, para poder extirparle el tumor en la mejilla, tuve que cortar ese pequeño nervio. Su joven esposo está en la habitación. Él está de pie en el lado opuesto de la cama, y juntos parecen estar en un mundo propio en la luz de la noche…aislados de mí…privado.
¿Quiénes son? Me pregunto…él y esta torcida boca que he fabricado, que se miran y se tocan con tanta generosidad. La joven mujer habla. «¿Estará mi boca así para siempre?», pregunta. «Sí», respondo, «así será. Es porque el nervio fue cortado». Ella asiente con la cabeza y permanece en silencio. Pero el hombre sonríe. «Me gusta», dice él. «Es un poco linda».

Al momento sé quién es él. Entiendo, y bajo la mirada. Uno no es osado al encontrarse con lo divino. Sin pensarlo, él se inclina para besar la torcida boca, y estoy tan cerca que puedo ver cómo él tuerce sus propios labios para acomodarlos a los de ella…para mostrarle que su beso todavía es posible.

Aplicación:

Dios se adaptó a nosotros al venir desde el cielo como un pequeño bebé. Él vino a nosotros, permitió así que su cuerpo fuese torcido en la cruz para enseñarnos que el amor de Dios todavía es posible. A pesar de las marcas que cargas de los estragos del pecado, eres amado por Dios. Eres hermoso para él. Fuiste creado a su imagen y llevas el parecer de su Hijo. Él nunca dejará de amarte. «Porque tanto amó Dios al mundo, que dio a su Hijo unigénito» (Juan 3:16).

PARTO DE OVEJAS EN NUEVA ZELANDA

Las hermosas y verdes colinas de Nueva Zelanda, un país conocido por su industria de las ovejas, están repletas de blancas ovejas por todas partes. Durante la temporada anual de parto, miles de corderitos son nacidos. Desafortunadamente, muchos corderos mueren al nacer. Muchas ovejas madres también se pierden durante la temporada de parto; mueren dando a luz. Para poder salvar a los corderos huérfanos, los pastores unen a los corderitos que han perdido a sus madres con las ovejas madres que han perdido a sus corderos. Sin embargo, no es tan fácil como parece: una oveja madre no aceptará a un cordero y le amamantará a no ser que sea el suyo propio.

¿Cómo, entonces, pueden los pastores lograr que una oveja madre acepte un cordero huérfano como el suyo propio? El proceso es tan antiguo como el pastoreo en sí. El mismo cordero de la oveja, la cual ha muerto, es desollado, y la piel del cordero muerto es colocada sobre el cordero que vive y este se coloca al lado de la madre adoptiva. La oveja madre huele entonces la piel y acepta al cordero huérfano como el suyo propio.

Aplicación:

La temporada de parto en Nueva Zelanda nos recuerda lo que Jesús hizo en la cruz. Cuando Juan escribió en Apocalipsis 7:14 y 12:11 de nuestra salvación por «la sangre del Cordero», fue en términos que la gente en sociedades agrarias vivamente entendía.

Pablo escribió a los Efesios: «Pero ahora en Cristo Jesús, a ustedes que antes estaban lejos, Dios los ha acercado mediante la sangre de Cristo. Porque Cristo…de los dos pueblos ha hecho uno solo, derribando mediante su sacrificio el muro de enemistad que nos separaba» (Efesios 2:13-14). Por la sangre de Cristo, Dios nos acepta como suyos. Una vez éramos huérfanos, pero ahora somos hijos adoptivos de Dios.

PONIENDO LADRILLOS O CONSTRUYENDO CATEDRALES

Christopher Wren, diseñador de la Catedral de San Pablo en Londres (uno de los edificios más hermosos del mundo), escribió sobre las reacciones de los trabajadores de la construcción a quienes se les preguntó lo que hacían. Aquellos trabajadores que estaban cansados y aburridos contestaron diciendo: «Estoy poniendo ladrillos» o «Estoy cargando piedras».

Pero uno de los trabajadores, que estaba mezclando cemento, parecía contento y entusiasmado sobre su trabajo. Al preguntársele sobre lo que hacía, contestó: «Estoy construyendo una magnífica catedral».

Aplicación:

Las encuestas revelan que la mayoría de las personas odian sus trabajos. No miran con entusiasmo el ir a trabajar; en cambio están aburridos y cansados de ellos. Sueñan con ganar la lotería para no tener que trabajar ningún otro día de sus vidas.

Dios no nos creó para estar aburridos e insatisfechos con nuestro trabajo. Nos creó para servirle en cada cosa que hacemos, incluyendo nuestro trabajo. «Trabajo» en la Escritura es otra palabra para «adoración». Dios quiere que disfrutemos de nuestro trabajo porque nuestro trabajo es lo que trae gloria a Dios. Es una forma de adorar a Dios. Pablo escribió que debemos estar contentos con nuestro trabajo porque no estamos trabajando para los hombres, sino para Dios. (Ver Colosenses 3:23). En otro lugar él escribió: «En conclusión, ya sea que coman o beban o hagan cualquier otra cosa, háganlo todo para la gloria de Dios» (1 Corintios 10:31).

Si ves tu trabajo como meramente algo para ganar un poco de dinero y sobrevivir, no estarás contento en él. De otro modo, si decides glorificar a Dios en tu trabajo, no solamente estarás contento con tu trabajo, sino que Dios va a satisfacer todas tus necesites también.

EL BOTE SALVAVIDAS

(Esto está basado en una historia verídica).

Annie era una chica corpulenta y poco atractiva.

En realidad, Annie era gorda.

Como miembro del grupo de jóvenes, Annie asistía con regularidad a la mayoría de las actividades juveniles y estudios bíblicos. Durante una de esas reuniones, el líder juvenil introdujo un juego situacional de aprendizaje llamado: «El bote Salvavidas».

Él instruyó a una docena de estudiantes de secundaria presentes a colocar sus sillas para formar lo que parecieran los asientos de un bote salvavidas. Entonces dijo: «Ustedes doce son los únicos supervivientes del naufragio. Ustedes lograron meterse en este bote. Una vez abordo, sin embargo, se dan cuenta horrorizados de que solamente hay provisiones para once. Además, el bote solo puede aguantar a once supervivientes. El peso de doce personas hará que el bote se vuelque provocando que todo el grupo muera ahogado. Ustedes deben decidir qué hacer».

Los miembros del grupo se miraron unos a otros por unos momentos antes de comenzar una discusión acalorada. Ellos decidieron que para el bien de la mayoría de los miembros del grupo, una persona debía ser sacrificada. ¿Pero quién?

Mientras el grupo decidía quién sería la persona a ahogarse, descartaron a varios individuos que consideraban valiosos para los supervivientes. Los muchachos más fuertes y atléticos no podían ser sacrificados; su fuerza sería necesaria para remar. Naturalmente, los jóvenes varones no querían dejar a ninguna de las hermosas muchachas convertirse en comida para los tiburones. Lentamente, cada miembro del grupo, a excepción de Annie, fue mencionado y seguidamente descartado como candidato para el sacrificio. Algunos eran demasiado inteligentes, demasiado talentosos, o demasiado populares.

Finalmente, Annie, que no era atractiva pero que tampoco era tonta, dijo: «Yo salto».

«¡No, no!», protestó el grupo. Pero cuando fueron presionados, no podían pensar en ninguna razón por la que ella no debía saltar, así que guardaron silencio.

Cuando el tiempo para jugar terminó, los miembros del equipo anunciaron que no pudieron lograr una decisión sobre lo que tenían que hacer. El líder juvenil comenzó a enseñarles una lección utilizando el ejemplo del bote salvavidas. Pero Annie ya había aprendido la lección.

Al día siguiente, Annie saltó. Su líder juvenil había confirmado sus peores pensamientos sobre ella misma. Verdaderamente ella no era de ningún valor.

Sus «amigos» en el grupo juvenil estaban estupefactos y profundamente tristes por su suicidio. Después de todo, ella tenía mucho por lo que vivir. Ellos simplemente no se podían imaginar por qué.

Aplicación:

Rara vez nos ponemos a mirar detenidamente para ver en una persona lo que Cristo ve. En cambio, con frecuencia valoramos a la personas por su parecer, popularidad, posesiones, o habilidades. Si ninguna de estas cosas es obvia, entonces no vemos valor en el individuo.

«La gente se fija en las apariencias, pero yo me fijo en el corazón» (1 Samuel 16:7b; 1 Pedro 3:3,4). Los cristianos tienen que ver a otros de la forma en que son vistos por Dios: como teniendo un valor inherente fuera de lo que el mundo ve. Cada persona fue creada a imagen de Dios y es amada por él. Jesús murió por todos nosotros, y en Cristo, todos somos miembros de su familia, hermanos y hermanas. Incluso, cada uno de nosotros es bendecido por su Espíritu Santo para hacer una contribución única a su reino. (Ver 1 Corintios 12).

¿Qué le hubieses dicho a Annie?

LA ESTACIÓN SALVAVIDAS

En una costa peligrosa donde se producen varios naufragios, había una vez una pequeña y rudimentaria estación salvavidas. El edificio no era más grande que una choza, y solamente había un bote; pero los pocos devotos miembros mantenían constante vigilancia sobre el mar. Con una actitud altruista, ellos salían día y noche, sin descanso en busca de los perdidos. Algunos de los que habían sido salvados, y muchos otros en las áreas colindantes, querían estar asociados a la estación y brindarles de su tiempo, dinero y esfuerzo para apoyar la tarea. Se adquirieron nuevos botes y se adiestró a nuevo personal. La pequeña estación salvavidas creció.

Algunos de los nuevos miembros de la estación salvavidas no estaban contentos de que el edificio fuese tan rudimentario y malamente equipado. Sintieron que deberían proveer un lugar más confortable como primer refugio para aquellos que eran rescatados del mar. Ellos reemplazaron las camillas de emergencia con camas y pusieron nuevo mobiliario en el edificio ampliado. Ahora la estación salvavidas era un lugar popular de encuentro para sus miembros, y la decoraron hermosamente y la amueblaron con exquisites porque la utilizaron como una especie de club. Pocos miembros estaban ahora interesados en salir al mar en misiones salvavidas, así que contrataron a grupos salvavidas para hacer este trabajo. El motivo salvavidas aún prevalecía en la decoración del club, y había un barco salvavidas conmemorativo en la habitación donde se celebraban las iniciaciones al club.

En este tiempo, un gran barco naufragó cerca de la costa, y los equipos contratados llegaron con barcos llenos de personas frías, mojadas y medio ahogadas. Estaban sucios y enfermos, y algunos de ellos eran extranjeros. El hermoso nuevo club estaba ahora en caos. Inmediatamente, el comité de la propiedad contrató a alguien para que estableciera una ducha fuera del club, donde las víctimas de los naufragios pudiesen bañarse antes de entrar.

En la próxima reunión, hubo una división en la membresía del club. La mayoría de los miembros deseaban parar las actividades salvavidas del club porque sentían que eran desagradables y un obstáculo para la vida social del club. Un pequeño grupo de miembros insistían en el salvar vidas como su propósito principal e indicaron que todavía se llamaban una estación salvavidas. Los miembros del pequeño grupo fueron derrotados en la votación y se les dijo que si querían salvar vidas, podían establecer su propia estación salvavidas más abajo de la costa.

Y eso es lo que hicieron.

Sin embargo, tras el paso de los años, la nueva estación experimentó los mismos cambios que habían ocurrido en la vieja estación. Evolucionó para convertirse en un club, y otra estación salvavidas fue fundada. La historia se repitió nuevamente, y si visitas esa costa, encontrarás un número de clubes exclusivos por toda la costa.

Los naufragios son frecuentes en esas aguas, pero la mayoría de los pasajeros se ahogan.

Aplicación:

Como discípulos de Jesús, nuestra tarea principal es ir y hacer discípulos. (Ver Mateo 28:19). Para ponerlo de otra manera, nosotros debemos ir y salvar vidas. Lamentablemente, en ocasiones nos olvidamos de nuestro propósito. Necesitamos recobrar nuestra pasión por salvar vidas. Necesitamos ser hacedores de la Palabra y no meramente oidores. (Ver Santiago 1:22).

LA NIÑA Y EL PIANO

Una niña quería ser una gran pianista, pero todo lo que podía tocar en el piano era la simple melodía, «Chopsticks». No importa lo mucho que se esforzase, eso era lo mejor que podía hacer. Pasado un tiempo sus padres decidieron contratar a un gran maestro para que le enseñase formalmente. Por supuesto, la pequeña niña estaba encantada.

Cuando la niña y sus padres llegaron a la mansión del maestro para la primera lección, fueron escoltados por el mayordomo a la sala, donde vieron un hermoso piano de cola de concierto. Inmediatamente, la niña se fue al piano y comenzó a tocar «Chopsticks». Sus avergonzados padres empezaron a decirle que parara desde el otro lado de la habitación. Pero mientras tocaba, el maestro entró en la habitación y motivó a la niña a que continuara.

Entonces el maestro se sentó en el banco del piano justo al lado de la niña, escuchándola tocar. En un momento él comenzó a tocar con ella, añadiendo acordes, escalas y arpegios. La niña continuó tocando «Chopsticks». Los padres no podían creer lo que escuchaban. Estaban escuchando un hermoso dúo de piano, tocado por su hija y el maestro, y lo más sorprendente, es que el tema central aún era «Chopsticks».

Aplicación:

En ocasiones quizá te sientas que no eres nadie, que Dios no puede usarte para hacer grandes cosas. Pero piensa en esa pequeña niña. Todo lo que podía tocar era «Chopsticks». Nadie quería escuchar «Chopsticks». Era un bochorno para sus padres y molesto para todos los demás. Sin embargo, un maestro la animó a continuar tocando.

Dios sabe lo que eres capaz de hacer. Te creó con habilidades y talentos. Sí, comparado con las habilidades de algunas personas, tus destrezas y habilidades pueden parecerse a «Chopsticks»; ni muy original ni muy espectacular. Pero Dios dice: «Continúa tocando y has espacio en el banco del piano para mí». Dios es capaz de tomar lo pequeño que puedes hacer y convertirlo en algo precioso para él.

SALTO DE LONGITUD

Imagínate que estás fuera haciendo footing un día con Mike, el poseedor de la marca mundial de salto de longitud con ocho metros, noventa y seis centímetros. Mientras estás corriendo, escuchas un ruido sordo, y tus pies sienten un continuo temblor en aumento que te alerta del comienzo de un terremoto como ningún otro que hayas experimentado.

De repente, a poca distancia de ti y Mike, la tierra se abre. Ambos se detienen bruscamente y descubren que están aislados en un pequeño pedazo de tierra, separados de la seguridad por una grieta profunda con unos diez metros de ancho. El pequeño pedazo de tierra en el que están parados se está derrumbando con el movimiento, y ves que es cuestión de minutos antes de que ambos caigan por el precipicio donde serán aplastados por la tierra en movimiento. La situación es desesperanzadora.

La única esperanza es saltar al otro lado del cañón. Mike evalúa que el salto es alrededor de veinte centímetros más largo que su marca mundial, pero decide intentarlo de todas formas. Él retrocede lo más atrás que puede para poder cobrar la mayor velocidad posible. Se agacha en posición de arranque, y tú gritas: «¡En tu marca! ¡Listo! ¡Ya!».

Mike corre lo más rápido que puede. Justo al borde del precipicio, salta y se impulsa en el aire. Es un salto perfecto. Viajando sobre la grieta, aterriza con los dedos de ambos pies casi al borde del otro lado. Su salto es un sorprendente nueve metros, dos décimas de centímetro: ¡cinco centímetros más que su marca mundial! Lamentablemente, su salto no es lo suficientemente distante. Sus pies resbalan, y por un momento lucha por agarrarse al borde con sus manos. Aún, no es lo suficiente. Mientras observas, él cae por la grieta y perece. Pobre Mike.

Ahora es tu turno. Te pones en posición lo más lejos del borde posible. Mentalmente dándote la señal, te mueves hacia delante. Resoplando, sigues hasta el borde, te lanzas y saltas, directo a la grieta. Tú también pereces.

Aplicación:

No importó que Mike llegara al otro lado con un salto perfecto digno de marca mundial. Simplemente no llegó lo suficientemente lejos. A juzgar por su resultado final, el salto de Mike no fue mejor que el tuyo. Ambos perecieron.

Llegar al lado de la vida eterna en el cielo funciona más o menos de la misma forma. No importa cuán bien vivas, o a cuántos cultos de la iglesia asistas, o cuán mejor eres que otras personas. No te puedes salvar a ti mismo. Las mejores personas del mundo no se pueden salvar a sí mismos, «pues todos han pecado y están privados» (Romanos 3:23). Nadie es lo suficientemente bueno por su propia cuenta.

Es por esto que Jesús vino. Él es el único que vivió una vida perfecta. Cuando ponemos nuestra fe y confianza en él y le hacemos nuestro Señor, su perfección se convierte en la nuestra. Él es el único que nos puede llevar seguros al otro lado.

PERRO PERDIDO—RECOMPENSA $50

El siguiente aviso fue encontrado en la sección de objetos perdidos en un periódico:

PERRO PERDIDO—RECOMPENSA $50 Perro negro y marrón de raza caniche y pastor alemán. Mordido de pulgas, le falta la pata trasera izquierda, sin pelo en las ancas, ciego, y recientemente castrado. Contesta al nombre de «Afortunado».

Aplicación:

Algunos de nosotros somos como Afortunado. De raza mezclada, no mucho de ver, y en mala condición, todavía respondemos al nombre de Afortunado. Realmente somos afortunados, porque como el perro, tenemos a alguien que se preocupa por nosotros como para buscarnos, seguirnos, desearnos, pagar para rescatarnos de nuevo. Y Dios realmente pagó por nuestro rescate; le costó a su único y amado hijo. Ese perro tiene suerte, y nosotros también; suerte de que nuestro Amo nos ame tanto.

CON AMOR, JULIE

El Sr. y la Sra. Jones recibieron esta carta de su hija Julie, una estudiante de primer año en la universidad:

Queridos Mamá y Papá,

Se me ocurrió enviarles una nota para que sepan cómo me van las cosas. Me he enamorado de un joven llamado Blaze. Es un joven elegante, pero dejó de ir a la escuela secundaria hace unos años para casarse. Eso no salió bien, así que se divorció el año pasado. Hemos estado saliendo por un par de semanas, y hemos estado pensando en casarnos en el otoño. Hasta entonces, he decidido mudarme a su apartamento. Creo que estoy embarazada. Ah sí, renuncié a la universidad para poder obtener un trabajo y ayudar a Blaze. Espero poder terminar la universidad después de que nos casemos.

Mamá y Papá, solo quiero decirles que todo lo que he escrito en esta carta hasta ahora es mentira. Nada de esto es cierto.

Pero Mamá y Papá, es cierto que saqué una C en Francés y una D en Matemáticas. Y también es cierto que necesito más dinero. ¿Pueden enviarme unos cien dólares? Un millón de gracias.

Con amor, Julie.

Ella recibió un cheque en el correo de sus padres dos días después.

Aplicación:

Julie obró con astucia. Ella sabía que podía hacer que malas noticias pareciesen buenas noticias si fuesen consideradas desde una perspectiva particular.

¿De dónde obtienes tu perspectiva de la vida cada día, de la Palabra de Dios o de MTV y de las películas? Debemos mantenernos cercanos a Dios y a su familia, a la iglesia, o nuestra perspectiva de vida se puede desorientar, condicionada por los valores del mundo.

Cuando nos mantenemos lejos de la verdad, terminamos con una mala y desorientada visión de la realidad. No somos capaces de tomar buenas decisiones o de saber la diferencia entre lo que está bien y lo que está mal, cierto o falso. Lo bueno parece malo; lo malo parece bueno. Nuestra visión de la realidad es cuestión de perspectiva, y la única perspectiva en la que vale confiar es la de Dios. Mantente cercano a él.

EL ESPEJO

El autor Robert Fulghum cuenta esta historia de uno de sus profesores, un hombre sabio cuyo nombre era Alexander Papaderos:

En la última sesión de la última mañana de un seminario de dos semanas sobre la cultura griega, el Dr. Papaderos se dio la vuelta e hizo la expresión consagrada: «¿Alguna pregunta?».

El silencio cubrió la sala. Estas dos semanas habían generado suficientes preguntas para toda una vida, pero por ahora, solamente había silencio.

«¿No hay preguntas?», Papaderos barría la sala con su mirada.

Así que pregunté.

«Dr. Papaderos, ¿cuál es el significado de la vida?».

Las usuales risas siguieron, y la gente empezó a inquietarse para irse.

Papaderos levantó la mano y acalló la clase, y me observó por un largo rato, preguntando con sus ojos si estaba hablando en serio y viendo en mis ojos que sí lo estaba.

«Contestaré a tu pregunta».

Sacando su billetera del bolsillo de su pantalón, buscó en uno de los compartimentos y sacó un pequeño espejo redondo, como del tamaño de una moneda. Y dijo algo así: «Cuando era un niño, durante la guerra, éramos muy pobres y vivíamos en un pueblo lejano. Un día, en la carretera, encontré los pedazos rotos de un espejo. Una motocicleta alemana había chocado en ese lugar.

Intenté encontrar todas las piezas para juntarlas, pero no era posible, así que me quedé con la pieza más grande. Esta. Y al rasgarla contra una piedra la hice redonda. Empecé a jugar con ella como si fuera un juguete y me fascinaba que pudiese reflejar luz en lugares ocultos donde el sol no podía brillar; en hoyos profundos y grietas y en armarios oscuros. Se convirtió en un juego para mí el poder reflejar la luz en los lugares más inaccesibles que pudiese encontrar.

Conservé el pequeño espejo, y a medida que iba creciendo, lo sacaba en momentos de ocio y continuaba los retos del juego. A medida que me convertía en un hombre, llegué a entender que esto no era solamente un juego de niños sino una metáfora de lo que haría con mi vida. Entendí que no soy la luz o la fuente de la luz. Pero la luz —la verdad, el entendimiento, el conocimiento— está ahí, y solo brillará en muchos lugares oscuros si yo la reflejo.

«Soy un fragmento de un espejo cuyo diseño y forma no conozco. No obstante, con lo que tengo yo puedo reflejar la luz en lugares oscuros de este mundo —en los lugares oscuros en los corazones de los hombres— y cambiar algunas cosas en algunas personas. Quizá otras personas vean y hagan lo mismo. Esto es lo que soy. Este es el significado de la vida».

Y entonces, tomando el pequeño espejo y sujetándolo cuidadosamente, captó los rayos brillantes del día que entraban por la ventana y los reflejó en mi rostro y en mis manos cruzadas sobre el escritorio.

Aplicación:

Jesús dijo: «luz soy del mundo» (Juan 9:5), y como sus seguidores, debemos ser como ese pequeño espejo, reflejando la luz de Cristo en los rincones ocultos del mundo. Ese es el significado de la vida cristiana. «Hagan brillar su luz delante de todos, para que ellos puedan ver las buenas obras de ustedes y alaben al Padre que está en el cielo» (Mateo 5:16).

UNA NOCHE EN LA CASA ENCANTADA
(Mientras cuentas esta historia, adórnala con la mayor cantidad de detalles creativos que desees).

Una escalofriante noche de Halloween, un joven se acercó a una vieja y abandonada casa al final de un callejón sin salida desierto. Sus amigos lo habían retado a que pasara una noche en esa casa que todos sabían estaba encantada. A través de los años la gente había adornado historias de fantasmas y los niños las repetían en las fogatas y en las excursiones nocturnas. Según habían oído, cada vez que había luna llena, los tres antiguos dueños de la casa, que supuestamente habían muerto de forma horripilante y dolorosa, andaban por dentro de la casa, quejándose de su sufrimiento y planeando su venganza contra los vivientes.

Esa noche de Halloween, el joven se encogió al ver que la luna estaba realmente llena.

Empuñando la escopeta de su padre con un poco más de fuerza, metió su petate y cantimplora por una ventana rota y entró en la casa. Abriéndose camino entre telarañas y basura a la habitación principal, colocó su petate al lado de la chimenea justo en el lugar en que los antiguos dueños habían dado su último respiro.

Varias horas pasaron, pero no podía dormir. Tenía el presentimiento de que alguien más estaba con él dentro de la casa. Buscó con el tacto su escopeta junto a él. Su alivio era insignificante comparado con su creciente temor de que no estaba solo.

A la media noche escuchó lo que parecían pasos. Unos minutos más tarde, pensó que escuchó algo arañando las paredes. ¿Quién o qué podía ser? Forzando abatir su pánico, esperó a que el sonido terminara. El silencio no consolaba, sin embargo, mientras se ponía más y más ansioso comenzó a sudar. En pocos minutos el sonido de los arañazos volvió y fue seguido por un gemido grave y angustioso. Ooooohhhhhh.

Con sigilo y cautela el joven levantó su escopeta del lado del petate. Aguantándola firmemente en sus manos, intentó ver en la oscuridad qué es lo que le causaba tal miedo mortal. Las ventanas entabladas no permitían la entrada sino de la más mínima luz de la luna.

De repente los vio. Mirándoles desde el borde de su petate había dos ojos espantosos. Lentamente levantó el cañón de su escopeta e intentó estabilizarla en sus temblorosas manos. ¡Pum! (Si gritas esto, seguido de un gran grito, el efecto es grandioso).

¿Qué pasó?

Accidentalmente se disparó en el dedo del pie.

Aplicación:
La oscuridad nos mantiene lejos de ver con claridad. Cuando caminamos en la oscuridad, es fácil que nos tropecemos y caigamos, que tomemos malas decisiones. Podemos terminar disparándonos nuestros propios pies.

Cristo nos avisó sobre el caminar en la oscuridad (Mateo 6:23), y se ofreció a darnos la luz que necesitamos. «Yo soy la luz del mundo», él dijo. «El que me sigue no andará en tinieblas, sino que tendrá la luz de la vida» (Juan 8:12). Los cristianos son llamados a caminar en la luz, no en la oscuridad.

NO TIENE MUCHO DE HOMBRE

Darrell Loomis era un camionero. Cada semana él transportaba mercancías de Cincinnati a Atlanta. Joe's Diner era su lugar favorito para comer en la ruta. Darrell siempre paraba a comer en Joe's.

Una tarde de verano, Darrell estacionó su camión y caminó a la cafetería. Sentándose en su silla favorita —el tercer taburete— pidió lo usual: un emparedado de carne picada cocida, puré de papas, y un té helado. En la distancia apareció un rugido y una nube de polvo, seguido por la llegada al estacionamiento de doce miembros de una banda de motocicletas, montando motos Harley-Davidsons con horquillas extendidas. Estas eran motocicletas elegantes, todo un espectáculo de ver mientras las bandas se estacionaban justo al lado del camión de Darrell y colocaban los pedales.

Mientras la banda hacía su entrada en la cafetería, el líder inmediatamente observó a Darrell. «Oye, ¿y quién es este pequeñín en el mostrador?», decía burlándose. Darrell simplemente guardó silencio y continuó comiéndose su almuerzo. Formando un semicírculo alrededor de Darrell, los miembros de la banda empezaron castañear los dedos en una cadencia rítmica. Sin inmutarse, Darrell siguió sentado comiéndose su almuerzo. Uno de los miembros de la banda agarró el té helado de Darrell y lo derramó sobre su cabeza. Los demás miraban, todavía castañeando los dedos al unísono. Con tranquilidad, Darrell se secó la cara con la servilleta, pero no dijo nada. Otro miembro de la banda tomó el puré de patatas y empujó un puñado en el oído de Darrell, limpiándose la mano en su espalda. de Darrell. Darrell permaneció calmado y no respondió. Simplemente siguió comiéndose su almuerzo.

A pesar de que la banda continuó molestando y mofándose de Darrell, él nunca respondió con nada. Incluso cuando Darrell terminó su almuerzo, solamente se puso en pie, se dirigió a Joe, y silenciosamente pagó su cuenta. Se fue de la cafetería sin pronunciar una sola palabra.

El líder de la banda se rió y le dijo a Joe: «¡Qué cobarde! ¡Ese tipo no tiene mucho de hombre!».

Joe, mirando por la ventana de la cafetería dijo: «¡No, y tampoco es buen conductor. Acaba de pasarle por encima a doce Harleys».

Aplicación:

Cuando Jesús vino como el Mesías, él no era lo que la gente esperaba.

Muchos vieron a Jesús y dijeron: «¡Qué endeble! ¡Definitivamente no tiene mucho de hombre! ¿Qué clase de Mesías es este?».

Jesús nunca dijo una palabra. Aguantó todo el abuso que este mundo le pudiera dar. Fue ridiculizado, humillado, escupido, azotado, coronado con espinas, y colgado en una cruel cruz. Satanás hizo todo lo posible para destruir a Jesús y hacerle el hazmerreír del mundo. Jesús nunca abrió su boca. Él voluntariamente aceptó esto porque sabía que al final Satanás sería derrotado. Satanás y todos sus demonios serán al final aplastados bajo el pie del Salvador.

Y por supuesto, esto fue exactamente lo que sucedió en el Calvario. ¡Qué hombre!

LA REFINERÍA DE PETRÓLEO

Érase una vez que unos visitantes hicieron una excursión por una refinería de petróleo. El guía les mostraba todos los detalles del proceso de refinar el petróleo. Las cámaras con los grandes catalizadores, las tuberías, las cubas de calefacción: todo lo relacionado con el proceso de refinar el crudo. Cuando terminó la excursión, uno de los visitantes le preguntó al guía una pregunta simple. «Caballero, nos mostró todo excepto el departamento de transporte. Por el tamaño de esta refinería se procesa una gran cantidad de petróleo, convirtiéndolo en gasolina y lubricantes. Pero aún no nos ha mostrado dónde se pone todo en los envases y se envía alrededor del mundo».

«Pues, como ve», dijo el guía, «no tenemos un departamento de transporte. Todo lo que se produce en esta refinería es utilizado como energía para mantener activa la refinería».

Aplicación:

La iglesia tiene que entender que lo que hace es para el mundo, no solamente para mantenerse activa. Muchos programas que tienen las iglesias existen solamente para mantener la iglesia activa. El propósito de la iglesia no es su auto mantenimiento, sino dar todo lo que tiene al mundo. (Ver Mateo 28:19 y Marcos 6:15).

ELIMINADO EN EL PLATO

Fue durante la fase eliminatoria pos temporada que el equipo de béisbol estaba bateando al final del noveno inning y estaban empatados ambos a 5 carreras. El primer bateador fue eliminado justo en el campo derecho, el segundo bateador ponchado. La última esperanza del equipo accedía al plato. Dejó ir el primer lanzamiento; bola uno. Dos bolas de fuera de zona y un lanzamiento fuera, el marcador estaba 2-2. En el quinto lanzamiento el bateador conectó y por el fuerte sonido se sabía que la bola llegaría lejos.

El jardinero central corrió hacia atrás con rapidez, confiando que la bola no se fuera sobre la verja. En el momento que el bateador alcanzaba segunda base, la bola chocó con el tope de la verja y cayó en el césped, de donde el jardinero central la tomó, y —examinado el campo interno y pensando de forma instantánea en la situación— la lanzó. A medida que el corredor pasaba por segunda, el dirigente de la tercera base medía las opciones de su hombre en base, y le dijo que se lanzara al plato. El torpedero atrapaba la bola, giraba rápidamente, y la lanzaba al plato justo cuando el corredor se deslizaba por debajo del guante del receptor.
El árbitro levantó su puño sobre el plato gritando: ¡Estás eliminado!

Los jugadores en las bancas se volvieron locos. En las gradas había un gran alboroto. Entre todo el abucheo y los aplausos, tan solo algunos espectadores vieron al árbitro del plato quitarse la máscara y caminar a la segunda base. Pero para el momento en que le hizo señales a los otros dos árbitros que viniesen a él, el público ya se había calmado; la mitad de ellos pavoridos y la otra mitad esperanzados de que el árbitro revocase su decisión después de conferir con los otros dos hombres vestidos de negro.

Al final el árbitro habló. «El corredor está eliminado», gritó, «no porque fuese tocado en el plato, sino *¡porque no pisó la primera base!*».

Era verdad. El bateador no solamente había fallado en llegar antes que la bola al plato; había corrido tan rápido que no había tocado la primera base.

Aplicación:

Puedes hacer muchas cosas religiosas en tu vida. Puedes hacer muchas cosas buenas y nobles, pero a no ser que pises la primera base, no importará mucho.

Nicodemo era un buen hombre, pero no había tocado la primera base. El joven rico de Lucas 18 era un hombre bueno, pero había perdido algo de su vida. A Nicodemo Jesús le dijo: «De veras te aseguro que quien no nazca de nuevo no puede ver el reino de Dios» (Juan 3:3). Jesús no quiere gente buena; en cambio, él quiere gente nueva, gente que ha cambiado y que le han puesto a él como prioridad en sus vidas.

EL CUADRO DE LA ÚLTIMA CENA

Leonardo da Vinci pintó el fresco «La Última Cena» en una iglesia de Milán. Existen dos historias muy interesantes que están asociadas con este cuadro.

Historia 1:

En la época que Leonardo da Vinci pintó «La Última Cena», él tenía un enemigo que era un compañero pintor. Da Vinci tuvo una amarga discusión con este hombre y por eso le despreciaba. Cuando da Vinci fue a pintar la cara de Judas Iscariote sentado a la mesa con Jesús, él utilizó la cara de su enemigo para que siempre estuviese presente como el hombre que traicionó a Jesús. Leonardo se complacía mientras pintaba este cuadro sabiendo que otros notarían la cara de su enemigo en Judas.

Mientras trabajaba en las caras de los otros discípulos, intentaba con frecuencia pintar la cara de Jesús, pero no podía avanzar de modo alguno. Da Vinci se sintió frustrado y confundido. Al tiempo se dio cuenta de que estaba equivocado. Su odio por el otro pintor lo estaba limitando a pintar la cara de Jesús. Tan solo tras hacer las paces con su compañero pintor y volver a pintar la cara de Judas fue capaz de pintar la cara de Jesús y completar su obra.

Aplicación:

Una de las razones por las que quizá se nos haga difícil aceptar el perdón de Dios es porque se nos hace difícil perdonar a otros. Es por esto que Jesús dijo: «Porque si perdonan a otros sus ofensas, también los perdonará a ustedes su Padre celestial» (Mateo 6:14). Si quieres que tu relación con Jesús sea todo lo que tiene que ser, perdona a tus enemigos y haz todo lo que puedas para mostrarles el amor de Cristo a ellos.

Historia 2:

Una de las razones por las que el cuadro tardó cuatro años en completarse fue porque cuando da Vinci estaba por terminar, un amigo comentó que cuán increíblemente conmovedor era el cuadro, en especial la copa de plata en la mesa. «¡Era brillante, hermosa!», dijo él. «Mis ojos se fijaron de inmediato en ella». A da Vinci le molestó su comentario tanto que inmediatamente volvió a pintar sobre la copa, haciéndola desaparecer del lienzo. El centro de atención del cuadro tenía que ser Jesús, no la copa. Toda la atención debía estar dirigida a él; cualquier cosa que le restara atención a él tenía que ser borrada.

Aplicación:

¿Cuál es el centro de atención en tu vida? Necesitamos borrar cualquier cosa se anteponga a Cristo o nos limite a servirle. Cristo debe ser el centro de nuestras vidas. (Ver Filipenses 1:21).

PEPE RODRÍGUEZ

Pepe Rodríguez, uno de los más conocidos ladrones de bancos en los primeros asentamientos del viejo oeste, vivía justo al otro lado de la frontera con México. Con frecuencia entraba a los pueblos tejanos para robar bancos, regresando a México antes de que los alguaciles tejanos pudiesen atraparle.

Los frustrados representantes de la ley estaban tan avergonzados por estos actos que cruzaron ilegalmente la frontera hacia México. A su tiempo, arrinconaron a Pepe en un bar mexicano que él frecuentaba. Lamentablemente, Pepe no podía hablar nada de inglés, así que los alguaciles le pidieron al camarero que hiciese de traductor para ellos.

El camarero le explicó a Pepe quiénes eran esos hombres, y Pepe comenzó a temblar de miedo. Los alguaciles, con sus pistolas sacadas, le dijeron al camarero que le preguntara a Pepe en dónde había escondido todo el dinero que había robado de los bancos tejanos. «¡Dígale que si no nos dice dónde está todo el dinero ahora mismo, le vamos a dejar muerto en el sitio!»

El camarero le tradujo todo esto a Pepe. Inmediatamente, Pepe explicó en español que todo el dinero estaba escondido en el pozo del pueblo. Ellos podían encontrar el dinero al contar diecisiete piedras desde la palanca, y tras la piedra diecisiete encontrarían todo el botín que él había robado.

El camarero entonces se volvió a los alguaciles y les dijo en inglés: «Pepe es un hombre valiente. ¡Él dice que ustedes son un montón de cerdos asquerosos, y que no tiene miedo a morir!»

Aplicación:

Algunas cosas a veces se pierden con la traducción.

Muchas de las cosas que leemos, escuchamos y vemos es información de segunda mano que quizá sea o no verdad. Debemos asegurarnos de no solamente obtener la verdad, sino también de comunicar la verdad a otros.

EL PRÍNCIPE DE GRANADA

El príncipe de Granada, un heredero de la corona española, fue sentenciado a una vida en aislamiento en una vieja prisión de Madrid llamada «El lugar de la carabela». El lugar se había ganado el nombre por el temeroso, sucio y triste ambiente que presentaba. Todos sabían que una vez uno entrase allí, nunca saldría con vida. El príncipe recibió un libro para que lo leyese durante toda su vida: la Biblia. Con solamente un libro para leer, él lo leyó cientos de veces. El libro se convirtió en su eterno acompañante.

Tras treinta y tres años de encarcelamiento, el príncipe murió. Cuando vinieron a limpiar su celda, encontraron algunas marcas que él había escrito utilizando clavos para marcar las blandas rocas de las paredes. Las notas eran de este tipo: el Salmo 118:8 es el versículo que está justo en medio de la Biblia; Esdras 7:21 contiene todas las letras del alfabeto excepto la letra j; el noveno versículo del capítulo ocho de Ester es el más largo de la Biblia; en la Biblia no hay ninguna palabra o nombre de más de seis sílabas. Cuando Scot Udell observó por primera vez estos hechos en un artículo en *Psychology Today*, él puntualizó lo extraño de un individuo que atravesó treinta y tres años de su vida estudiando lo que algunos describen como el libro más grande de todos los tiempos y que sin embargo solo pudo recoger trivialidades. De todo lo que sabemos, nunca hizo ningún compromiso religioso o espiritual a Cristo, pero se convirtió en un experto de trivialidades bíblicas.

Aplicación:

¿Qué tipo de fe tienes? ¿Es algo parecido a la fe del príncipe de Granada? Hay una diferencia entre saber los hechos sobre Dios, Jesucristo y la Biblia, y permitirle a Dios que te cambie de adentro hacia fuera. Muchas personas crecen conociendo mucho sobre la cristiandad pero nunca han confiado sus vidas a Cristo. ¿Lo has hecho tú?

LA REINA DE INGLATERRA

La reina de Inglaterra visita el castillo de Bob Morrow con frecuencia. En cierta ocasión, mientras caminaba sola, comenzó a llover. Apresurándose en buscar refugio, llegó a la casita de campo más cercana. Una mujer, realmente enfadada de que alguien estuviese molestándola tan temprano en la mañana, vino a la puerta. Abriendo la puerta una rendija gritó: «¿Qué quiere?».

La reina no se presentó. Simplemente preguntó: «¿Me permite un paraguas?».

«Un momento», refunfuñó la mujer. Tiró de la puerta, se fue por un momento, y regresó con el peor paraguas que encontró, uno con los tensores rotos y algunos agujeros. Lo sacó por la puerta y dijo: «Aquí tiene». La reina de Inglaterra le dio las gracias y se fue por su camino con el paraguas andrajoso.

A la mañana siguiente, la reina con toda su comitiva, vestida en todo su uniforme, se detuvo frente a la casa. Uno de sus escoltas tocó a la puerta y le devolvió el paraguas a la mujer diciendo: «Señora, la Reina de Inglaterra, le agradece». A su salida le escuchó decir: «Si lo hubiese sabido, le hubiese dado mi mejor paraguas».

Aplicación:

Algún día todos estaremos frente al Rey del cielo, y a algunos se le oirá decir: «Si solamente lo hubiese sabido, le hubiese dado todo lo mejor de mí». El hecho es, que sabemos, y aun así algunos le dan las sobras a Cristo, lo que menos cuesta.

Porque Dios nos ama, él nos dio lo mejor que tenía, a su Hijo. (Ver Juan 3:16). ¿Podemos dar algo menos que lo mejor?

VERDADEROS AMIGOS

Un joven de Milwaukee, Wisconsin, tenía cáncer y llevaba varias semanas en el hospital para un tratamiento de radiación y quimioterapia. Durante este tiempo, perdió todo su cabello. De camino a casa desde el hospital, se sentía preocupado; no por el cáncer, sino por la vergüenza de volver a la escuela sin pelo en la cabeza. Él ya había decidido no ponerse una peluca o un gorro.

Cuando llegó a casa, entró por la puerta principal y encendió las luces. Para su sorpresa, alrededor de veinte de sus amigos saltaron y gritaron: «¡Bienvenido a casa!» El joven miró alrededor de la habitación y casi no podía creer lo que veía: ¡todos sus cincuenta amigos se habían rapado sus cabezas!

Aplicación:

¿No quisiéramos todos tener amigos cariñosos que sean tan sensibles y comprometidos con nosotros que sacrificasen su cabello por nosotros si eso es lo que fuese necesario para hacernos sentir afirmados, incluidos y amados? Amigos como esos son difíciles de encontrar en el mundo de hoy.

Cuando nos convertimos al Señor, somos adoptados por una familia extendida de amor y apoyo: la iglesia, el cuerpo de Cristo. La Biblia nos enseña en 1 Corintios 12 que cuando un miembro del cuerpo se siente dolorido o tiene gozo, todo el cuerpo comparte ese dolor o ese gozo. Sufrimos juntos, y nos regocijamos juntos. Eso es lo que significa ser una iglesia. Somos una comunidad, una familia, amigos verdaderos.

Cuando actuamos de esta manera, estamos haciendo por otros lo que Jesús mismo hizo por nosotros. Jesús nos amó tanto que hizo más que raparse la cabeza. Fue a la cruz por nosotros. Dio su vida para que nosotros tuviésemos vida. «Nadie tiene amor más grande que el dar la vida por sus amigos» (Juan 15:13).

LAS ROSCAS INVERTIDAS

«Estaremos fuera hasta las 10:30», dijeron los padres de Chad conforme sus amigos, los Petersons, vinieron a recogerlos para ir al banquete. «Mientras estemos fuera, quédate en casa y termina tu ejercicio de historia».

«¿Puedo utilizar el automóvil solamente un ratito?», preguntó Chad. Él había obtenido su licencia hacía tan solo un mes. «Pues, necesito tomar prestado un libro de Todd. Solamente estaré fuera un rato».

«De ninguna manera», advirtió el padre de Chad. «Tienes todos los libros que necesitas para esta noche. Quédate en casa y haz ese ejercicio».

Maldición. Chad realmente quería juntarse con sus amigos mientras sus padres estuviesen fuera. Después de todo, sus padres no iban a utilizar el auto, así que por qué no podía hacerlo? No parecía que fuese justo. Solamente quería estar fuera por una hora más o menos. Todavía tendría tiempo para hacer su ejercicio de historia, razonaba él.

El teléfono sonó. Era Todd. «Oye, ven a casa», dijo. «Todos los muchachos están aquí».

Chad decidió que podía ir a casa de Todd y regresar lo suficiente temprano como para que sus padres no se enteraran. Solo tendría que asegurarse de echarle gasolina al auto para no levantar sospechas. Él podría hacer su ejercicio de historia rápidamente cuando volviese.

Se subió al auto y se marchó. *Nadie tiene por qué enterarse*, pensó Chad. Sin embargo, de camino a casa de Todd, ocurrió lo peor. Tuvo un pinchazo. *Oh, genial*, pensó en ese momento. Él nunca había cambiado un neumático antes. Ahora no solo tendría que cambiar la rueda, sino también repararlo rápidamente para que sus padres nunca se enterasen. Necesitaba darse prisa.

Sacando el gato y la llave se puso a trabajar. Pero por alguna razón todas las tuercas de la rueda estaban atoradas. No podía cambiar la rueda. Él movió la llave lo más fuerte que pudo, pero todo fue en vano. Tras lo que pareció horas intentando aflojar las tuercas, Chad se dio finalmente por vencido y caminó hasta la estación de servicio más cercana. Estaba exhausto.

Era más de las diez de la noche cuando el encargado de la estación finalmente se disponía a aflojar las tuercas con la llave hidráulica para quitar la rueda. Chad no se lo podía creer. *¿Por qué no pudo aflojar esas tuercas? ¿Por qué estaban tan apretadas? ¡La vida no es justa!* ¡Ahora le impondrían todo tipo de restricciones para el resto de su vida!

«¿Para qué lado las estabas aflojando?», le preguntó el encargado de la estación. Chad pensó que era una pregunta tonta. Por supuesto que él sabía cómo aflojar una tuerca. La aflojas en sentido contrario al de las agujas del reloj. «Bueno», dijo el encargado, «las roscas en este lado del auto están invertidas. Para aflojarlas, las giras en la dirección de las agujas del reloj».

De repente Chad se sintió como un tonto.

Aplicación:

Mucha gente en el mundo hoy día tiene dificultad en encontrar la felicidad y la satisfacción en la vida porque están haciendo las cosas de forma equivocada. Son como Chad, giran las tuercas en la dirección contraria y solamente logran apretarlas más. La vida no mejora; la vida empeora.

La vida que Jesús nos enseña a vivir es como una rosca invertida: es justo lo opuesto a lo que la gente piensa. El mundo dice: «¡Toma todo lo que puedas!». Jesús dice: «Da y se te dará a ti». El mundo dice: «¡Solamente los fuertes y los poderosos sobreviven!». Jesús dice, «Los mansos heredarán la tierra». El mundo dice: «¡Si alguien te ofende, véngate!» Jesús te dice, «Pon la otra mejilla. Haz el bien a aquellos que te tratan mal».

¿Para que lado estás girando la llave? No seas tonto.

DECISIONES CORRECTAS

(Esta historia aparece en el libro Waiting *de Ben Patterson [InterVarsity, 1991]).*

Un joven fue nombrado a la presidencia de un banco a la tierna edad de treinta y dos años. La promoción fue más allá de sus inimaginables sueños y bien aterradora para él, así que fue al viejo y venerado presidente de la junta a pedirle consejo de cómo ser un buen presidente de banco.

«¿Qué es lo más importante que tengo que hacer como nuevo presidente?», le preguntó al anciano.

«Toma decisiones correctas», fue la escueta respuesta del caballero.
El joven pensó por un momento y dijo: «Un millón de gracias; eso es de gran ayuda. ¿Pero podría ser usted más específico? ¿Cómo tomo las decisiones correctas?».

El sabio anciano respondió: «Experiencia».

Exasperado, el joven presidente dijo: «Pero señor, es por eso que estoy aquí. No tengo la experiencia necesaria para tomar las decisiones correctas. ¿Cómo obtengo la experiencia?».

«Decisiones incorrectas», fue la respuesta del anciano.

Aplicación:

La madurez espiritual no se obtiene fácilmente. Por lo general llega al cometer muchos errores. No te decepciones si no puedes vivir una vida cristiana perfecta ahora mismo. Eso es lo que significa compromiso. El compromiso significa que aunque cometas errores una vez y otra, te mantienes ahí y sigues aprendiendo de tus errores. No te canses de Jesús; él nunca se cansa de ti.

RODOLFO Y OLIVIA

El concursante del juego televisivo estaba listo para regresar al próximo día para obtener más dinero y premios. Todo lo que tenía que hacer era contestar correctamente una última pregunta.

«Para ser el campeón de hoy», entonaba el sonriente presentador del programa, «nombra dos de los renos de Santa».

El concursante, un hombre de unos treinta y tantos años, dio una señal de alivio, agradeció haber sacado una pregunta sencilla.

«¡Rodolfo!», anunció, «¡y Olivia!».

La audiencia en el estudio comenzó a murmurar, y el presentador confundido preguntó: «Sí, podemos aceptar Rodolfo pero, ¿puede explicar Olivia?».

El hombre hizo gestos de impaciencia: «Ya sabes, Rodolfo, el reno de la nariz roja, tenía una brillante nariz. Que si la hubieses visto, podrías decir que brilla. Olivia, el otro reno...» (de una canción popular americana).

Aplicación:

Es sorprendente cuán ignorante es la gente sobre lo que realmente es la Navidad. Ni siquiera conocen la verdad sobre Santa y sus renos. Con razón la gente no comprende la importancia del nacimiento de Cristo.

EL SECRETO

Un pastor y un miembro de su iglesia hicieron una visita a un hombre rico. Ellos estaban recaudando fondos para otro hombre que había sufrido un ataque al corazón. El hombre enfermo no tenía seguro y no podía pagar sus gastos médicos.

El hombre rico saludó al pastor y a su acompañante efusivamente y escuchó mientras el pastor describía la dramática situación del hombre enfermo. «Estamos pidiendo de usted un generoso donativo», el pastor concluyó.

«¿Quién es el hombre enfermo?», preguntó el anfitrión.

El pastor meneó la cabeza. «Raramente revelamos los nombres de las personas en necesidad. En este caso, es difícil para el hombre admitir que tiene necesidad de caridad».

«Si voy a ayudar, insisto en conocer la identidad del hombre que necesita la ayuda. Lo mantendré en la más estricta confidencia. Le iba a dar $500, pero si me revela el nombre del hombre, aumentaré mi donativo a $1.000».

«No revelaremos el nombre del hombre», el pastor repitió, meneando la cabeza.

«Dos mil dólares entonces. Seguramente no rechazará esa cantidad».

«No romperé mi confidencia», insistió el pastor. Su acompañante no podía creer lo que estaba escuchando.

Tomando un profundo respiro, el hombre rico dijo: «Tres mil dólares».

Antes de que el pastor pudiese responder, su acompañante le rogó: «Pastor, tres mil dólares cubrirán casi todos los gastos del hospital. Él es un hombre honorable. Mantendrá el secreto».

El pastor se dirigió hacia la puerta. «Debí haberme marchado hace rato. La confianza y el honor de un hombre no están abiertos al postor más alto, sea cual fuere la suma de dinero. Tengo otras visitas que hacer. Conseguiremos el dinero en otro lugar».

Antes de que el pastor se fuese, el hombre rico le rogó que se reuniesen en privado en la otra habitación. En cuanto se quedaron solos el hombre rompió a llorar. «Reverendo, hace poco perdí cada centavo que había ahorrado. Ni siquiera puedo hacer un pago parcial de la hipoteca. He querido acudir a alguien para que me ayuden, pero no puedo soportar la idea de que todos en el pueblo se enteren de que soy un fracaso».

«Ahora entiendo», dijo el pastor tiernamente. «Me estaba usted probando para ver si podía confiar en mí con su secreto. Recaudaré los fondos tanto para usted como para el hombre que está enfermo. Lo que me ha dicho lo mantendré en confidencialidad».

Los dos hombres se despidieron del anfitrión y se fueron a su próxima visita. «Bueno, pastor», dijo el acompañante, «¿cuánto le dio?».

El pastor sonrió y en un tono guasón gesticuló a su amigo con el dedo: «Vergüenza te tenía que dar. No sabes que tales cosas son un secreto».

Aplicación:

¿Cuán buena es tu palabra? ¿Eres de confianza? Muchos de nosotros somos como los amigos del pastor. Se nos hace difícil creer que alguien pueda guardar su palabra, especialmente cuando se trata de grandes cantidades de dinero. Después de todo, el fin justifica los medios, ¿cierto?

En Dios podemos confiar con cada pensamiento, cada deseo, cada problema al que nos enfrentamos, cada duda que tenemos, cada pecado que cometemos. En él podemos confiar a que nos escuche y a que guarde su palabra para nosotros. Cuando él dice que perdona y olvida, podemos darlo por sentado. Nuestros pecados han sido borrados, para siempre. Dios no guarda rencor. Él no nos va a traicionar. Dios es absolutamente fiable y de confianza.

AFILA TU HACHA

Hace unos años un hombre joven que buscaba trabajo se acercó a un capataz de una compañía de tala de árboles y le pidió un trabajo. «Depende», respondió el capataz. «Vamos a ver cómo tumbas este».

El joven dio un paso al frente y con destreza taló un gran árbol. El capataz se quedó impresionado y exclamó: «¡Puedes comenzar el lunes!».

Lunes, martes, y miércoles pasaron. El jueves en la tarde el capataz se acercó al joven y le dijo: «Puedes recoger tu cheque a tu salida hoy».

Confundido, el joven preguntó: «Pensé que pagaba usted los viernes».
«Normalmente sí», contestó el capataz, «pero te tengo que despedir hoy porque te has quedado atrás. Nuestras gráficas diarias muestran que bajaste del primer lugar el lunes al último lugar el miércoles».

«Pero soy un buen trabajador», objetó el joven. «¡Llego primero, me voy último, y aun he trabajado en mis periodos de descanso!»

El capataz, sintiendo la integridad del joven, pensó por un minuto y entonces preguntó: «¿Has estado afilando tu hacha?».

El joven respondió: «Pues, no señor. He estado trabajando demasiado duro para dedicar tiempo a eso».

Aplicación:

¿Qué tal tú? ¿Demasiado ocupado para afilar tu hacha? La oración es la piedra que afila los bordes. Sin oración, cuanto más trabajas, más embotado te pondrás. ¡Necesitamos dedicar tiempo a mantenernos afilados en la tarea del reino de Cristo!

EL JOVEN MÁS INTELIGENTE DEL MUNDO

Un día cuatro personas viajaban en un pequeño avión de cuatro pasajeros; un piloto, un ministro, y dos jóvenes, y uno de ellos acababa de ganar el premio al «Joven Más Inteligente del Mundo».

Mientras viajaban, el piloto se volvió hacia los tres pasajeros y dijo: «Tengo malas noticias, y tengo peores noticias. La mala noticia es que no nos queda combustible. El avión está cayendo y nos vamos a estrellar. La peor noticia es que solamente tengo tres paracaídas abordo».

Esto significaba, por supuesto, que alguien tendría que sacrificarse con el avión.

El piloto continuó. «Tengo una esposa y tres hijos en casa. Tengo muchas responsabilidades. Lo siento, pero tendré que tomar uno de los paracaídas». Con eso, tomó uno de los paracaídas y saltó del avión.

El joven más inteligente del mundo fue el próximo en hablar. «Soy el joven más inteligente del mundo», dijo. «Quizá sea el que logre una cura para el cáncer o el SIDA o resuelva los problemas económicos del mundo. ¡Todos cuentan conmigo!» El Joven Más Inteligente del Mundo tomó el segundo paracaídas y saltó.

El ministro entonces habló y dijo: «Joven, toma tú el último paracaídas. Yo ya hice mi paz con Dios, y estoy dispuesto a quedarme en el avión. Toma ahora el último paracaídas y salta».

«Relájese reverendo», dijo el otro joven. «El joven más inteligente del mundo acaba de lanzarse del avión con mi mochila».

Aplicación:

Muchos jóvenes piensan que son inteligentes. En realidad, son como el Joven Más Inteligente del Mundo. Se lanzan al mundo sin paracaídas. Piensan que lo saben todo y tienen todo lo que necesitan para vivir una vida alegre y satisfecha, que les guarda de estrellarse y quemarse. Lo que realmente tienen es una mochila. El único paracaídas que realmente salvará es el evangelio de Cristo. Todos los demás son falsos y conducen a la muerte. Jesús dijo: «Yo soy el camino, la verdad y la vida... Nadie llega al Padre sino por mí»(Juan 14:6).

Muchos jóvenes inteligentes aún no han aprendido a tomar decisiones sabias. Actúan impulsivamente, sin pensarlo. El resultado es en ocasiones el mismo que le ha ocurrido al joven más inteligente del mundo: la muerte.

LA MUJER DE SOCIEDAD

Una atractiva mujer de sociedad fue invitada a una lujosa cena de recaudación de fondos en la ciudad de Nueva York. Ella estaba sentada al lado de un abogado rico. Durante la cena, tuvieron la oportunidad de conocerse y estaban pasando un buen rato. Cuando la cena terminó, el abogado se le acercó y le preguntó a la mujer que si quería acostarse con él por $10.000. La mujer se ruborizó pero dijo que lo haría. El hombre entonces le preguntó que si se acostaría con él por $10. La mujer se sintió aturdida y dijo: «¿Qué clase de mujer piensa que soy?». El hombre respondió: «Querida, eso ya lo hemos establecido. Ahora estamos meramente decidiendo el precio».

Aplicación:

¿Cuál es tu precio? ¿Qué sería necesario para causarte tu venta? Ya sabemos quienes somos. Somos pecadores que hemos sido salvados por la fe en Cristo. Ninguno de nosotros está inmune al comportamiento pecaminoso. Aun el apóstol Pablo tropezó y cayó. Pedro, cuando se enfrentó con la posibilidad de persecución en el momento de la crucifixión, negó a Cristo tres veces. Él tenía su precio.

Tanto Pedro como Pablo crecieron en su fe, haciéndose fuertes y valientes. Ambos murieron como mártires porque ninguna cantidad de dinero, ninguna cantidad de dolor pudo hacer que le dieran la espalda a Dios.

Algunos de nosotros somos cristianos de temporada. Nos mantenemos con Cristo hasta que algo mejor suceda, o hasta que las cosas se pongan difíciles. Nuestra meta como cristianos es permitirle a Cristo, por el poder del Espíritu Santo, que nos haga la clase de persona que sea fuerte, firme y constantes en la fe. (Ver 1 Pedro 5:10).

SPARKY, EL PERDEDOR

Una vez, había un niño pequeño al que otros niños llamaban «Sparky», por el caballo Sparkplug de una historieta cómica. A pesar de que el niño odiaba el mote, nunca pudo deshacerse de él.

Sparky tuvo muchas dificultades en la escuela. Él suspendió todas las asignaturas en octavo grado y la física en la escuela secundaria. De hecho, todavía tiene el récord en la escuela por ser el peor estudiante de física de la historia de la escuela. También suspendió latín, álgebra, e inglés. Tampoco se le dieron muy bien los deportes. Logró formar parte del equipo de golf de la escuela, pero su mal juego le terminó costando a su equipo el campeonato.

A lo largo de su juventud, Sparky fue un perdedor social. No solamente era activamente despreciado por los otros niños, sino que casi nadie le prestaba atención. Se sorprendía si solamente un compañero de clase le decía hola fuera de la escuela. Nunca salió en citas ni le pidió salir a ninguna muchacha. Tenía miedo de ser rechazado. A Sparky no le molestaba mucho ser perdedor; él había decidido ir por la vida de la mejor forma posible sin preocuparse de lo que otros pensaran de él.

Sparky, sin embargo, tenía un pasatiempo. Amaba los dibujos animados, y amaba dibujar sus propias historietas. No obstante, nadie más pensaba que eran buenas. Cuando estaba en el último año de escuela secundaria, sometió unos de sus dibujos al anuario y le fueron rechazados. Sea como fuere, Sparky siguió dibujando.

Sparky soñaba poder ser un artista para Walt Disney. Tras su graduación de la escuela secundaria, le escribió una carta a los Estudios Walt Disney preguntando sobre oportunidades de trabajo. Sparky recibió una carta con el formulario solicitándole muestras de su trabajo. El formulario solicitaba que dibujase una historieta cómica de un «hombre reparando un reloj echando todos los resortes y engranajes con una pala al interior del mismo».

Sparky hizo el dibujo y lo envió por correo con otros de sus trabajos a los estudios Disney. Él esperó y esperó por una respuesta. Finalmente la respuesta llegó: otra carta modelo indicándole que no había trabajo para él.

Sparky estaba desilusionado pero no sorprendido. Siempre había sido un perdedor, y esto era una pérdida más. De forma extraña, pensó, su vida era algo cómica. Intentó contar su propia historia en dibujos animados: una niñez llena de desventuras de un niño perdedor, de un niño con un constante bajo rendimiento. Este personaje de dibujos animados ahora es conocido en todo el mundo. El niño que suspendió el octavo grado, el joven artista cuyo trabajo fue rechazado no solamente por los estudios Disney sino también por su anuario de escuela secundaria, era Charles Monroe «Sparky» Schultz, creador de las historietas cómicas «Peanuts» y el pequeño niño perdedor cuya cometa nunca vuela: Charlie Brown.

Aplicación:

Todos hemos experimentado el rechazo y la derrota en la vida, pero Dios nos ha dado a cada uno unos talentos y habilidades únicas que nos permiten contribuir de manera significativa al mundo. ¿Cuáles son tus dones? A no ser que intentes utilizarlos, nunca descubrirás cómo Dios te preparó para contribuir. Tenemos que ser como el niño pequeño en la Escritura que ofreció su almuerzo a Jesús; Jesús en cambio lo utilizó para alimentar a una multitud. (Ver Juan 6:9).

LA TENTATIVA DE SUICIDIO

Hace unos años una mujer estaba subida en lo alto de un edificio de cincuenta y cuatro pisos en la ciudad de Nueva York, lista para saltar a su muerte. El escuadrón de suicidios de la policía se tomaba sus amenazas seriamente. Ataviada en un costoso vestido y con una apariencia distinguida, ella no parecía el tipo de persona de estos casos. Pero independientemente de su apariencia, cada intento de convencerla para que se bajase del borde del edificio terminaba en fracaso.

Uno de los oficiales de la policía llamó a su pastor para que viniese a la escena y orase por la mujer. El pastor vino, y tras evaluar la situación, le pidió al capitán de la policía si podía acercarlo lo suficiente a la mujer para hablar con ella. El capitán se encogió de brazos y dijo: «Por qué no, ¿qué tenemos que perder?».

El pastor comenzó a caminar hacia la mujer, pero ella gritaba como antes: «¡No te me acerques o salto!». Él dio un paso hacia atrás y la dijo en voz alta: «Siento que creas que nadie te ama».
Esto le llamó la atención a la mujer y también al del escuadrón suicida; era algo inusual que decir. «Tus hijos y tus nietos no deben amarte. Aparentemente nunca te dieron atención», continuó el pastor.

Con esto, la mujer dio un paso hacia el pastor y dijo: «Mis nietos sí me aman. Toda mi familia también. Mis nietos son maravillosos. Tengo ocho nietos».

El pastor dio un paso hacia la mujer y dijo: «Pues entonces, debes ser bien pobre, o no quisieras quitarte la vida».

La mujer, que tenía claramente sobrepeso, dijo: «¿Me ve usted como si me faltara la comida? Vivimos en un hermoso apartamento en Central Park. ¡No soy pobre!».

El pastor dio otro paso y ahora estaba a casi un metro de ella. «Entonces, ¿por qué se quiere quitar la vida? No lo entiendo».

La mujer pensó por un momento y dijo: «Sabe usted, realmente no me acuerdo».

Aplicación:

Esta historia de la vida real terminó con el pastor escoltando a la mujer lejos del borde mientras ella le mostraba fotos de sus nietos. Con el tiempo, ella se hizo voluntaria de la línea directa de asistencia a suicidios de la ciudad, ayudando a otros a escoger la vida. El pastor le ayudó a que dejase de preocuparse de sí misma y que pensara en las muchas bendiciones que Dios le había dado. Ella aprendió que personas agradecidas son personas contentas. «¡Den gracias al Dios de los cielos! *¡Su gran amor perdura para siempre!*» *(Salmo 136:26).*

TEDDY Y LA SEÑORITA THOMPSON

La señorita Thompson era una maestra de escuela que cada año le decía a sus estudiantes: «Niños y niñas, les amo a todos por igual. No tengo favoritos». Por supuesto, ella no estaba diciendo siempre la verdad. Los maestros sí tienen preferidos, y lo que es peor, la mayoría de los maestros tienen estudiantes que no les gustan.

Teddy Stallard era un niño al que la señorita Thompson simplemente no le gustaba, y por una buena razón. Él parecía no tener interés alguno en la escuela. Tenía una mirada vacía e inexpresiva en la cara, y unos ojos vidriosos y desenfocados. Cuando ella hablaba a Teddy, él solamente se encogía de hombros. La ropa que vestía tenía un aspecto alborotado y solía ir despeinado. No era un niño atractivo, y desde luego tampoco era un niño apreciado.

Cuando ella corregía los ejercicios de Teddy, sentía cierto placer perverso en colocar una X justo al lado de cada respuesta incorrecta. Cuando ponía la letra en el margen superior de los ejercicios, lo hacía con una aptitud especial. Ella debía ser más inteligente. Teniendo acceso al historial de Teddy, sabía más acerca de él de lo que quería admitir. El documento decía:

Primer grado: Teddy demuestra tener aptitudes en su trabajo y actitud, pero la situación en su hogar es precaria.

Segundo grado: Teddy puede mejorar. La madre está gravemente enferma. Recibe poca ayuda en el hogar.

Tercer grado: Teddy es un buen chico, pero demasiado serio. Aprende muy lentamente. Su madre murió este año.

Cuarto grado: Teddy es bien lento, pero de buena conducta. Su padre no muestra interés alguno.

En Navidad, los niños y las niñas de la clase de la señorita Thompson le traían regalos, los amontonaban sobre su escritorio, y la rodeaban para verla abrirlos. Entre los regalos había uno de Teddy Stallard. Ella estaba sorprendida de que él le hubiese traído un regalo. El regalo de Teddy estaba envuelto en papel de embalar, precintado con cinta adhesiva. En el papel estaban escritas las sencillas palabras: «Para la Señorita Thompson. De Teddy». Cuando ella abrió el regalo de Teddy, del interior se desprendió un brazalete de gemas preciosas, al que le faltaban la mitad de las piedras, y una botella de perfume barato.

Los otros niños y niñas comenzaron a reírse y hacer muecas del regalo de Teddy, pero la señorita Thompson al menos tuvo la suficiente sensatez para hacerles callar e inmediatamente ponerse el brazalete y un poco de perfume en la muñeca. Extendiendo el brazo para que los otros niños pudiesen oler, ella dijo: «¿No les parece que huele bien?». Los otros niños, siguiendo el ejemplo de la maestra, dieron pronto su aprobación exclamando «oohs» y «ahs».

Cuando la escuela terminó y los otros niños se habían marchado, Teddy se quedó atras. Poco a poco Teddy vino al escritorio de la maestra y dijo suavemente: «¿Señorita Thompson? Señorita Thompson, usted huele igual que mi mamá… y el brazalete le sienta muy bien a usted también. Me alegra que le hayan gustado mis obsequios».

Cuando Teddy se marchó, la señorita Thompson se arrodilló y le pidió a Dios que la perdonara.

Al día siguiente cuando los niños vinieron a la escuela, fueron recibidos por una nueva maestra. La señorita Thompson se había convertido en una persona diferente. Ella ya no era más que una maestra; ella se había convertido en un agente de Dios, comprometida a amar a sus niños y hacer cosas por ellos que perdurasen para siempre. Ella ayudó a todos los niños, pero especialmente a los más atrasados, y en especial a Teddy Stallard. Para el fin del año escolar, Teddy mostró una mejoría dramática. Alcanzó a la mayoría de los estudiantes e incluso estaba por encima de otros.

Una vez que el año escolar terminó, la señorita Thompson no supo de Teddy por un largo tiempo. Entonces un día recibió una nota que leía:

Querida señorita Thompson,

Quería que fuese la primera en saber que me graduaré segundo en mi clase.

Con amor, Teddy Stallard

Cuatro años más tarde, llegó otra nota:

Querida señorita Thompson,

Me acaban de informar que me graduaré primero en mi clase. Quería que fuese la primera en saberlo. La universidad no ha sido fácil, pero he tenido unos buenos cuatro años.

Con amor, Teddy Stallard

Y, cuatro años más tarde:

Querida señorita Thompson,

Desde hoy, soy Theodore Stallard, M.D. ¿Qué le parece? Quería que fuese la primera en saberlo. Me caso al mes siguiente, el día veintisiete para ser exacto. Quiero que venga y se siente en el lugar que mi madre se hubiese sentado si estuviese viva. Usted es la única familia que tengo ahora. Mi padre murió el año pasado.

Con amor, Teddy Stallard

La señorita Thompson fue a la boda y se sentó en el lugar donde la madre de Teddy se hubiese sentado. Ella merecía estar ahí; ella había hecho algo por Teddy que nunca pudo olvidar.

Aplicación:

Nosotros también podemos convertirnos en agentes de Dios cuando nos proponemos ayudar a otros que han sido rechazados, o a aquellos que tienen grandes necesidades de las que tenemos constancia. Eso es lo que Cristo en Mateo 25:31-46 nos enseña que debemos hacer. Cada vez que ayudamos a alguien como Teddy, estamos ayudando a Jesús mismo.

La señorita Thompson es como Bernabé, que era un motivador. (Ver Hechos 11:23,24). Mucha gente alrededor de nosotros necesita tener a alguien que crea en ellos y que les edifique en lugar de derribarles. Cuando vemos a alguien que es diferente a nosotros o lisiado o solitario, les podemos tomar el pelo y bajarles el ánimo... o podemos hacer lo que Bernabé y Jesús hubiesen hecho: mostrar caridad, amor y ánimo.

TELÉMACO VA A ROMA

San Telémaco, un monje del siglo cuatro que vivía en un monasterio, sintió que Dios lo llamaba a Roma. No podía entender por qué Dios quería que él fuese a Roma, pero sintió la obligación de ir. Colocando sus posesiones en un pequeño bolso, se lo echó sobre el hombro y comenzó a caminar sobre los polvorientos caminos dirección oeste a Roma.

Cuando llegó a Roma, la gente corría por toda la ciudad con gran confusión. Él había llegado el día en que los gladiadores iban a pelear entre ellos y contra los animales en el anfiteatro. Todo el mundo se dirigía al anfiteatro para ver el espectáculo.

Telémaco entendió que esta era la razón por la que Dios lo había llamado a Roma. Tras entrar al anfiteatro, él se sentó entre los 80.000 espectadores que aclamaban mientras los gladiadores salían proclamando: «¡Viva César! Morimos por la gloria de César».

El pequeño monje pensó: *Aquí estamos, cuatro siglos después de Cristo, en una nación civilizada, y la gente se está matando meramente para el entretenimiento del público. ¡Esto no es cristiano!*

Telémaco se levantó de su asiento, bajó las escalinatas, saltó la verja, caminó al centro del anfiteatro, y se puso entre dos grandes gladiadores. Poniendo sus manos en alto, clamó sumisamente: «¡En nombre de Cristo, deténganse!». El público comenzó a reírse y abuchear. Uno de los gladiadores le dio de plano a Telémaco en el estómago con su espada y lo mandó rodando por el polvo.

Telémaco se levantó y se puso nuevamente entre los dos grandes gladiadores repitiendo: «¡En nombre de Cristo, deténganse!». En esta ocasión el público vociferó: «¡Atraviésalo!». Uno de los gladiadores tomó su espada y le atravesó el estómago. El monje cayó al suelo y la arena se volvió roja con el fluir de la sangre de su cuerpo. Una última vez, Telémaco clamó débilmente: «En nombre de Cristo, deténganse». Él murió en el suelo del anfiteatro.

El público se volvió silencioso, y en minutos desalojaron el anfiteatro. La historia indica que, gracias a San Telémaco, este fue el último encuentro de gladiadores en la historia del Imperio Romano.

Aplicación:

San Telémaco cambió el curso de la historia. Tú también puedes. Dios ama el utilizar a una persona para hacer una gran diferencia en el mundo; y Dios quiere usarte.

El mejor ejemplo que tenemos fue cuando Dios envió a su Hijo, Jesús, a morir en la cruz por nuestros pecados. Un hombre hizo la más grande diferencia en la historia del mundo. Dios continúa obrando a través de individuos para lograr su voluntad. ¿Serás tú el próximo al que Dios utilice?

TERMÓMETROS Y TERMOSTATOS

(Esta ilustración puede ser un ejemplo práctico si traes un termómetro y un termostato para que los estudiantes los vean).

¿Sabes cuál es la diferencia entre un termómetro y un termostato?

Un termómetro meramente indica cuál es la temperatura en un área en particular. Si tu termómetro lee setenta grados y colocas el termómetro en una habitación que está actualmente a ochenta grados, el termómetro cambiará para reflejar a la temperatura a la que se encuentra la habitación. No tardará mucho en que el termómetro lea ochenta grados. Siempre se ajusta al ambiente en el que está.

El termostato, en cambio, ajusta la temperatura de la habitación. Si el termostato está fijado a setenta grados y la habitación está en ochenta grados, la temperatura de la habitación cambiará para ajustarse a lo indique el termostato. La habitación cambiará a setenta grados.

Aplicación:

Vives la vida como un termómetro o como un termostato. Puedes mezclarte con la gente, o puedes cambiar a la gente. Estás influenciando a otros, u otros te están influenciando a ti.

Jesús nos llamó a ser termostatos. Realmente, ya que no había termostatos en los tiempos de la Biblia, Jesús utilizó el término «sal» y «luz» para comunicar que tenemos que ser agentes de cambio en el mundo. (Ver Mateo 5:13-16).

TOMÁS EDISON, EL FRACASADO

Los biógrafos han escrito que Tomás Edison, el inventor de la bombilla, fabricó más de novecientas bombillas que no funcionaron antes de finalmente hacer la que sí funcionó. Novecientas veces hizo todo el trabajo de fabricar una bombilla, enchufarla, encenderla, y ver que nada sucedía. La gente tuvo que haber pensado que estaba loco, pero siguió intentándolo. Según Edison, cada vez que fabricó una bombilla que no funcionó, simplemente «descubría otra manera de cómo no hacer una bombilla». Al final, por el proceso de eliminación, fabricó una bombilla que produjera luz. Como resultado, él es conocido como uno de los más grandes inventores de todos los tiempos.

Aplicación:

La mayoría de nosotros no nos damos cuenta de cuántos fracasos las personas exitosas toleraron antes de lograr su propósito. Solamente oímos de la única vez que lo lograron. Lo que hizo grande a Edison fue su compromiso a hacer una bombilla. No permitió que sus fracasos le decepcionaran. Se mantuvo ahí y siguió intentándolo, aun cuando siguió fallando.

Así es también con la vida cristiana. La mayoría de los cristianos que tenemos de ejemplo fallaron muchas veces antes de lograr estar donde están hoy. El apóstol Pablo admitió lo mismo en Romanos 7. «¡Fracaso todo el tiempo!», se lamentaba. «Las cosas que quiero hacer no hago, y viceversa». Pero Pablo siguió la carrera, luchando por alcanzar su meta, terminar. (Ver Filipenses 3:14). Nunca se dio por vencido. Eso es compromiso. Tener compromiso no significa que triunfas todo el tiempo. Significa que te mantienes ahí. Continúas cometiendo errores. Como Edison, aprendes de los errores una forma más de cómo no vivir la vida cristiana.

LAS TRES HILANDERAS

Introduce esta vieja historia de los *Cuentos de Hadas* de los Grimm explicando que la hilandería es un término utilizado por aquellos que hacen girar la rueca y hacen un hilo de lino.

Había una vez una joven que era vaga y no hilaba. Su madre no la podía convencer de que lo hiciera, a pesar de lo mucho que lo intentaba. Finalmente la madre se enojó tanto que le dio una paliza a la niña. Mientras la madre le pegaba a la joven, la reina del reino pasaba cerca y escuchó a la niña llorar. La reina se detuvo, entró a la casa, y le preguntó a la madre el por qué le pegaba a la joven.

La mujer se avergonzaba de la vagancia de su hija, así que dijo: «Estoy intentando que pare de hilar. Eso es todo lo que quiere hacer. Día y noche, se mantiene hilando, pero yo soy pobre y no puedo suplirle suficiente lino».

La reina respondió: «Nada me agrada más que escuchar el sonido de la rueda girando, y siempre me siento contenta al escuchar su zumbido. Permítame llevarme a su hija conmigo al castillo. Tengo suficiente lino, y una pequeña rueda allí para alegrarle el corazón».

La madre estaba sumamente contenta de librarse de la joven, así que acordó en dejar ir a la joven con la reina. Cuando llegaron al castillo, la reina le enseñó tres habitaciones completamente llenas del lino más fino de la tierra.

«Ahora puedes hilar todo este lino», dijo la reina, «y si eres capaz de hilar a mi satisfacción, te haré la esposa de mi hijo mayor. Te convertirás en princesa. Pero si fallas, serás expulsada del reino para siempre».

Aunque la joven estaba momentáneamente emocionada ante la posibilidad de convertirse en princesa, estaba aterrorizada en su interior porque sabía que no podría hilar el lino aunque fuese a vivir cien años y estuviese hilando el resto de sus días de mañana a tarde. No sabía cómo hacerlo. Durante días se sentó y lloró, sin llegar a hilar ni un hilo. Al tercer día la reina vino a verla, y cuando vio que no había hecho nada, se quedó sorprendida y pidió una explicación. La joven se excusó diciendo que no había podido comenzar por la angustia que sentía de haber dejado su hogar y su amada madre. La excusa satisfizo a la reina temporalmente, pero mientras salía dijo: «Mañana debes comenzar a trabajar».

Cuando la joven se encontraba sola nuevamente, no sabía en absoluto lo que iba a hacer. En su frustración, miró por la ventana y vio a tres mujeres que estaban pasando. Una tenía un ancho pie plano que le causaba caminar con cojera, la segunda tenía un labio inferior grueso que colgaba por debajo de su barbilla, y la tercera tenía un gran pulgar feo e inflamado. Cuando vieron a la niña, se pararon a la ventana y le preguntaron qué hacía. La joven le contó su dilema, y las tres mujeres dijeron: «Somos hiladoras, y te ayudaremos con una condición. Cuando te cases con el príncipe, nos invitas a tu boda, y no tengas vergüenza de nosotras. Di que somos tus primas y permítenos sentarnos a tu mesa. Si prometes esto, terminaremos el hilado de lino en muy poco tiempo».

«Oh sí, lo prometo con todo mi corazón», contestó la joven. «Pero entren ahora mismo y comiencen de inmediato».

Las mujeres entraron y comenzaron a hilar el hilo de inmediato. La primera sacó el hilo y movió el pedal para girar la rueda; la segunda humedeció el hilo con la boca, y la tercera giró el hilo con el pulgar. Muy pronto un bello hilo comenzó a caer en el suelo. Cada vez que la reina se acercaba, la joven escondía a las tres hiladoras y las mantenía fuera de la vista. La reina estaba sorprendida al ver los buenos montones de hilos, y no paraba de elogiar a la joven. Cuando la primera habitación se vació, comenzaron con la segunda, y después con la tercera, hasta que al final todo el lino había sido hilado.

Entonces las tres mujeres se marcharon, diciéndole a la joven: «No te olvides de tu promesa, y nada malo te sucederá».

Cuando la joven mostró a la encantada reina las tres habitaciones vacías y los montones de hermoso hilo, la boda fue concertada al momento. El príncipe estaba muy satisfecho de que iba a tener una esposa tan diligente y trabajadora.

«Tengo tres primas», dijo la joven, «y han sido muy amables conmigo a lo largo de los años. ¿Puedo invitarles a la boda, y pedirles que se sienten con nosotros a la mesa?».

La reina y el príncipe ambos dijeron: «Sí, se te es permitido».

Cuando el festejo de la boda comenzó, entraron las tres hiladoras y se sentaron a la mesa principal. El príncipe estaba sorprendido de su apariencia. «Oh», dijo él, «no sabía que tenías parientes tan terriblemente feos».

El príncipe fue a la primera hiladora y mirando hacia abajo y viendo su ancho pie plano, preguntó: «¿Cómo es que te ha crecido tanto el pie?».

«Por el pedaleo de la rueda de hilar», dijo. «De pedalear».

Entonces fue a la segunda hiladora y dijo: «¿Cómo es que te cuelga el labio inferior?».

«De humedecer el hilo», contestó. «De humedecer».

Entonces preguntó a la tercera: «¿Cómo es que tienes un gran pulgar?».

«Por girar el hilo», contestó. «Por girar».

El príncipe consideró todo esto por un momento y anunció: «¡De hoy en adelante, mi bella esposa nunca más tocará una rueda de hilar!».

Y juntos vivieron felices para siempre.

Aplicación:

Mientras leías esta historia, ¿estuviste pensando: *¡Ah! ¡Pronto la van a descubrir! Ella va a tener problemas?*

Así no es como acaba la historia. Aun cuando la joven era vaga, engañosa, e indigna de ser hecha una princesa, se sale con la suya. Nada malo le sucede, y está libre de culpa para siempre. La historia termina con un final feliz.

Esa es la historia del evangelio. De eso es lo que trata la gracia. Como la joven, tú y yo somos vagos, deshonestos, merecedores del destierro del reino. Pero Dios en su gran misericordia envió a su Hijo para que nunca tengamos que pagar la pena de nuestro pecado. Tal y como las tres hiladoras cargaron con el castigo de girar la rueda por la joven, Jesús cargó con nuestros pecados a la cruz y somos hechos libres. Dios nos ha dado su reino. Somos adoptados en su familia para siempre. Es como un cuento de hadas, ¡la única diferencia es que es verdad!

LA CUERDA FLOJA Y LA CARRETILLA

Cuenta la historia de un artista de circo llamado Blondin que extendió un largo cable de acero de un lado a otro sobre las cataratas del Niágara. Durante los fuertes vientos y sin una malla protectora, él caminaba, corría, y hasta bailaba en la cuerda floja para el asombro y encanto de un numeroso público que le observaba.

En cierta ocasión tomó una carretilla llena de ladrillos y sorprendió al público al empujarla sin esfuerzo por el cable de un lado al otro. Blondin entonces se volvía al público y preguntaba: «Ahora, ¿cuántos de ustedes creen que puedo empujar a un hombre por el cable en la carretilla?».
El voto era unánime. Todos aplaudían y levantaban las manos en alto. ¡Todos creían que lo podía hacer!

«Entonces», preguntó Blondin, «¿puede alguno de ustedes hacerme el favor de ser esa persona?».

Tan rápido como levantaron las manos, así también las bajaron. Ni una sola persona se ofrecía de voluntario para viajar en la carretilla y confiarle su vida a Blondin.

Aplicación:

Muchas personas le dicen a Jesús: «¡Sí, creo!». Si eres uno de los que dice eso, ¿estás dispuesto a demostrar tu creencia al confiarle tu vida a él? ¿Estás dispuesto a montarte en la carretilla y arriesgar todo por tu fe? Eso es lo que significa creer. La fe no es solamente un ejercicio intelectual. Supone compromiso total.

DEMASIADOS MAQUINISTAS

Uno de los peores desastres de tren en la historia ocurrió en el túnel El Toro en León, España, el 3 de enero de 1944. Alrededor de quinientas personas perecieron.

El tren era uno de esos trenes largos de pasajeros con una máquina locomotora en ambos extremos. En este día particular, cuando el tren entró al túnel El Toro, la locomotora delantera se paró. Cuando la locomotora delantera se detuvo, el maquinista de la locomotora trasera arrancó su máquina para hacer salir el tren del túnel marcha atrás. Al mismo tiempo, sin embargo, el maquinista delantero logró arrancar nuevamente la locomotora delantera e intentó continuar con el trayecto. Ninguno de los maquinistas tenía modo alguno de comunicarse entre ellos. Ambos maquinistas pensaron que simplemente necesitaban más potencia. Continuaron arrastrando en ambas direcciones por varios minutos. Cientos de pasajeros en el tren en el túnel murieron envenenados con monóxido de carbono porque el tren no podía decidirse qué dirección tomar.

Aplicación:

La gente de ese tren murió porque el tren tenía demasiados maquinistas. Muchos de nosotros luchamos en cuanto hacia qué dirección dirigir nuestras vidas: si venir a Jesús o permanecer en nuestro pecado. La indecisión puede causar que nos perdamos la decisión más importante de nuestras vidas. Algunas veces pensamos que podemos hacerlo de ambas formas, pero no podemos. No podemos servir a Dios y también servir al diablo. Jesús mismo nos advirtió sobre el intentar vivir una vida doble: «Nadie puede servir a dos señores» (Mateo 6:24ª).

TRACTOR DE COMPETICIÓN

Los tractores de competición han aumentado en popularidad gracias a la cobertura televisiva de muchos acontecimientos en vivo alrededor del país. Para los no iniciados, el «tractor» en estos acontecimientos es más bien un cohete con cuatro ruedas. Algunos de estos tractores tienen múltiples motores y son más largos que un camión. La ruedas traseras tipo tractor son lo único que se asemeja a un tractor agrícola normal.

Estos tractores de alta potencia son enganchados a unos remolques en forma de cuña que crean resistencia mientras más lejos son arrastrados. El tractor, en carrera hacia la meta, normalmente comienza con fuerza arrastrando el remolque, pero pronto avanza con dificultad y con frecuencia se tranca a causa de una resistencia cada vez mayor. Las ruedas del tractor giran a menudo con tanta rapidez que el tractor se atasca literalmente en el fango, girando sus ruedas y sin poder continuar. Solamente cuando el tractor es desenganchado del remolque puede moverse de nuevo, y quizá entonces solo con asistencia.

Aplicación:

El pecado es el remolque en nuestras vidas. Los efectos del pecado puede que sean mínimos al principio, pero mientras más los cargamos y luchamos con ello, más difícil se hace. El peso del pecado hace que al final nos atasquemos. Solamente Dios puede «desenganchar» el pecado de nuestras vidas, por medio del sacrificio de Jesucristo. Aun los cristianos puede avanzar con dificultad al intentar arrastrar un «remolque de pecado», y al final caer agotados por los efectos del mismo. No es hasta que el pecado es liberado y Cristo ayuda a un individuo a que pueda comenzar de nuevo cuando el cristiano puede continuar la carrera sin obstáculos. «¡Pero gracias a Dios, que nos da la victoria por medio de nuestro Señor Jesucristo!» (1 Corintios 15:57).

LA MERIENDA DE LAS TORTUGAS

Una familia de tortugas fue de excursión. Se habían preparado durante siete años para su salida. La familia salió de casa, buscando un lugar ideal. Durante el segundo año de su recorrido, lo encontraron. Por seis meses limpiaron el área, desempacaron la cesta de alimentos, y completaron todos los arreglos. Descubrieron, sin embargo, que se les había olvidado la sal. Una merienda sin sal sería un desastre, todos acordaron.

Después de una larga discusión, la tortuga más joven fue escogida para regresar a la casa y buscar la sal. Aunque era la más rápida de las lentas tortugas, la pequeña tortuga se quejó, lloró, y se tambaleó en su caparazón. Aceptó ir con una condición: que ninguno comería hasta su regreso. La familia consintió y la pequeña tortuga se puso de camino.

Tres años pasaron, y la pequeña tortuga no había regresado. Cinco años. Seis años. Entonces, en el séptimo año de su ausencia, la tortuga más vieja no podía contener su hambre. Anunció que iba a comer y comenzó a desenvolver un emparedado. En ese momento, la pequeña tortuga apareció y detrás de un árbol gritó: «¡Ven! ¡Sabía que no esperarían! Ahora no voy a buscar la sal».

Aplicación:

Algunos de nosotros, como la pequeña tortuga, no confiamos en nadie o no damos el beneficio de la duda. Perdemos toda nuestra vida esperando a que la gente viva según nuestras pobres expectativas de ellos, y siempre lo hacen.

Podemos estar agradecidos de que Dios no nos trata de esa manera. Nos acepta tal y como somos. Cree en nosotros. Nos alienta. Está orgulloso de nosotros. Cuando fallamos, nos perdona y olvida, y nos da una nueva oportunidad de hacer el bien. Así es como Dios nos trata, y así es como debemos tratar a otros. No pensemos mal de otros. Esperemos lo mejor.

DETERMINACIÓN INTRANSIGENTE

Un granjero estaba circulando por la carretera un día cuando observó un letrero cercano al aeropuerto local que decía: «EXPERIMENTA LA EMOCION DE VOLAR». El granjero pensó para sí: *Mañana es el cumpleaños de mi esposa. Me encantaría que viviera la emoción de volar. Eso realmente sería un verdadero regalo.*

El granjero fue al aeropuerto y después de un tiempo encontró a un piloto que los llevaría a él y a su esposa en un vuelo sobre su finca. El piloto tenía un pequeño avión de cabina abierta que verdaderamente daría a la esposa la aventura, pero el precio del piloto era muy alto. El granjero regateó con el piloto por un largo rato, insistiendo en que bajase el precio. Al final, el piloto acordó bajar el precio con una condición: que el granjero y su esposa no dijeran ni una sola palabra durante todo el viaje. Una sola palabra hablada en voz alta, por pequeña que fuese, aumentaría el precio original acordado con el piloto. La determinación del granjero por darle a su esposa la aventura de volar era solamente sobrepasada por la determinación de dar el mínimo dinero posible, así que aceptó la condición.

A la mañana siguiente los tres despegaron y rápidamente estaban en el aire. El piloto sabía que si hacía algunos movimientos como las montañas rusas con sus caídas y vueltas con el avión, la pareja en el asiento trasero rápidamente hablaría y automáticamente recibiría un precio más alto. Con eso en mente, el piloto caía y daba vueltas, subía y hacía clavados, e incluso hizo algunos rizos. Pero no se oyó ni pío. Ni un grito, ni un quejido. Nada sino silencio.

Cuando estaban aterrizando, el piloto, sorprendido por la determinación de sus pasajeros, le gritó al granjero: «¡No puedo creer que no dijeran una sola palabra mientras estábamos allá arriba! Pues, hice volteretas y caídas, subidas y clavados como nunca antes, pero ustedes dos permanecieron callados todo el tiempo. ¡Creo que ganaron!».

El viejo granjero gritó en respuesta: «Bueno, casi ganaste, hijo. Casi ganaste. Realmente me sentí con deseos de gritar cuando mi esposa se cayó del avión».

Aplicación:

El viejo granjero estaba determinado a obtener lo que quería bajo sus condiciones. Lo consiguió, pero con un resultado que probablemente nunca esperó. Algunos de nosotros somos así. Podemos estar sorprendentemente determinados de tener las cosas a nuestra manera. Dejamos que el orgullo y la terquedad se interpongan en lugar de escuchar a la razón o de hacer las cosas correctamente.

¿Eres así algunas veces? Tú sabes lo que Dios quiere, pero tú quieres algo diferente. De repente surge una batalla de las voluntades. ¿Quién va a ganar? La verdad es que podrás ganar una que otra batalla, pero siempre perderás la guerra. Si eres una persona bien determinada, con una mente propia, ¡Dios te quiere! Dios quiere transformarte y canalizar tu determinación en su determinación de servir a Cristo y de mantenerte firme con él pase lo que pase. Dios está buscando personas que tercamente se nieguen rechazar a Jesucristo.

EL W.C.

En tiempos en los que no podías contar con un que un servicio público tuviese aparatos sanitarios, una mujer inglesa estaba planeando un viaje a Alemania. Ella tenía una reserva para quedarse en un pequeño hospedaje, una casa de huéspedes de un profesor de escuela local y su esposa. Sin embargo, la viajera estaba preocupada de si la casa tenía o no un W.C. (En Inglaterra un baño era conocido como un «W.C»., que significa «water closet» [inodoro en inglés]). Le escribió al profesor de escuela una carta, preguntando por la ubicación del W.C. El profesor, que no hablaba bien el inglés, le preguntó al cura de la parroquia si sabía del significado de «W.C». Ambos ponderaron sobre el posible significado de las siglas y finalmente entendieron que se trataba de «wayside chapel» (capilla en el camino). Al parecer, los dos llegaron a la conclusión, la mujer quería saber si había una capilla de camino a la casa. El profesor escribió la siguiente respuesta a la dama inglesa:

Mi Querida Señora:
Es un placer informarle que nuestro W.C. está situado a nueve millas de nuestra casa y ubicado en el centro de una arboleda de pinos rodeada de bellos paisajes.

Tiene capacidad para 229 personas, y está abierto los domingos y jueves solamente. Ya que se espera una gran cantidad de personas durante el verano, le sugiero que venga temprano, aunque siempre hay sitio para estar de pie. Esta situación es lamentable, especialmente si suele usted ir a menudo. Quizá le puede ser de interés el saber que mi hija se casó en el W.C. y fue allí donde conoció a su esposo. Recuerdo la prisa que había por obtener asientos. Fíjese que había diez personas por cada silla normalmente ocupada por una. Era maravilloso ver las expresiones en sus caras.

Le agradará saber que un gran número de personas traen su almuerzo y pasan el día allí, mientras que otros esperan hasta el último minuto y llegan justo a tiempo. Le recomiendo especialmente a su señoría que vaya el jueves cuando hay un órgano de acompañamiento. La acústica es excelente, y hasta los sonidos más delicados pueden ser escuchados.

Lo más novedoso es la adición de una campana que suena cada vez que una persona entra. Está previsto organizar un bazar para proporcionar asientos felpados a todos, dado que la gente lleva ya tiempo pensando que es necesario. Mi esposa ha estado enferma, así que no ha podido ir últimamente. Hace ya casi un año desde la última vez que fue, lo que naturalmente la hace sufrir mucho.

Será un placer para mí reservarle el mejor asiento para usted, donde todos podrán verla. De hecho, me haría mucha ilusión escoltarla personalmente.

Con el más cordial saludo,

El profesor de escuela

Aplicación:

La carta del profesor de escuela es un buen ejemplo de la falta de comunicación. Cuando nos comunicamos con otros, necesitamos ser cuidadosos de saber exactamente de lo que estamos hablando, y que la gente escuche lo que estamos diciendo.

YA TE AVISAREMOS

Estimados cristianos:

Esta es mi comisión a ustedes, de hecho, posiblemente la quieran llamar una gran comisión. Deben ir a todas las personas y los deben llamar a ser mis discípulos. Deben bautizarles y enseñarles a que obedezcan todo lo que les he mandado.

No se olviden. Estaré con ustedes para ayudarles, hasta el fin del mundo. Nunca les dejaré ni les abandonaré, porque les amo. Por favor, no me abandonen.

Con todo mi amor,

Jesucristo

Estimado Jesucristo:

Reconocemos haber recibido tu más reciente comunicación.
Tu propuesta es algo interesante y llena de retos; sin embargo, dado la escasez de personal, así como otras consideraciones financieras y personales, no sentimos que podemos dar adecuado énfasis a tu reto en este momento.

Un comité ha sido nombrado para estudiar la viabilidad del plan. Prevemos disponer de un informe para presentarlo a nuestra congregación en un futuro próximo. Ten por seguro que le daremos a esto nuestra más cuidadosa consideración, y nuestra junta estará orando por ti y tus esfuerzos de encontrar más discípulos.

Aceptamos tu oferta de servir como persona de recurso, y si decidimos emprender este proyecto en algún momento en el futuro, ya te avisaremos.

Cordialmente,

Los cristianos

Aplicación:

¿Cómo has respondido a la comisión de Cristo de ir y hacer discípulos? (Ver Matero 28:19,20).

¿QUÉ VIDA?

Él vio a la gente amarse unos a otros, y vio que el amor imponía arduas condiciones sobre los amantes. Vio que el amor requiere sacrificio y abnegación. Vio que el amor produce discusiones, celos y pena. Decidió que el amor costaba mucho. Decidió no disminuir su vida con el amor.

Vio a la gente esforzarse con metas distantes y confusas. Vio a los hombres esforzarse en triunfar y a las mujeres esforzarse por altos ideales. Vio que el esfuerzo con frecuencia era mezclado con decepciones. Vio a hombres fuertes y comprometidos fracasar, y vio a hombres débiles e indignos triunfar. Vio que el esfuerzo a veces forzaba a la gente a la mezquindad y la avaricia. Decidió que costaba demasiado. Decidió no disminuir su vida con esfuerzo.

Vio a personas sirviendo a otros. Vio a hombres dar dinero a los pobres y a los necesitados. Vio que mientras más servían, más rápido crecía la necesidad. Vio a recibidores mal agradecidos volverse contra sus amigos servidores. Decidió no disminuir su vida con una vida de servicio.

Cuando murió, caminó hacia Dios y le presentó su vida a él… sin menoscabos, sin ataduras, sin mancha. El hombre estaba limpio e indemne por la basura del mundo, y se presentó él mismo antes Dios orgullosamente diciendo: «¡Aquí está mi vida!».

Y Dios contestó, «¿Vida? ¿Qué vida?»

Aplicación:

Dios no quiere que nos aislemos del dolor y del sufrimiento del mundo. Cuando amamos a otros, servimos a otros, y nos esforzamos en ser todo lo que Dios quiere que seamos, nos ensuciamos, nos lastimamos, nos sentimos usados. Pero esas son las cicatrices de la guerra que Dios quiere ver cuando nos encontremos frente a él. Dios quiere que participemos en el juego y nos ensuciemos los uniformes. Eso fue lo que hizo Jesús cuando vino al mundo. No decidió ir a lo seguro; y nosotros tampoco debemos hacerlo. «Para esto fueron llamados, porque Cristo sufrió por ustedes, dándoles ejemplo para que sigan sus pasos» (1 Pedro 2:21).

¿CUÁNDO MUERO YO?

Una familia se vio implicada en un grave accidente. Mike, el más joven de los dos hermanos implicados, estaba gravemente herido y necesitaba una transfusión sanguínea. El hermano mayor de Mike, Danny, que solamente tenía ocho años, tenía el mismo tipo de sangre que su hermano menor. El papá se sentó con Danny y cuidadosamente le explicó por qué esta transfusión de sangre era necesaria y cuán maravillosa sería para su hermano menor. Tras un breve silencio, Danny respondió diciendo: «Sí, papá, yo le voy a dar mi sangre a Mike para que pueda estar mejor».

En el hospital, Danny donó medio litro de sangre. Después de retirarle la aguja, Danny se volvió a su padre y con lágrimas en sus ojos preguntó: «Papá, ¿cuándo me muero?».

De repente, el papá se dio cuenta con asombro de que Danny había malinterpretado su explicación de donar sangre. ¡Danny pensó que estaba dando toda su sangre para salvar a su hermano! Pensó que se moriría después de que la transfusión terminara. Aun así había decidido ayudar a su hermano menor.

Aplicación:

Danny estaba dispuesto a morir para que su hermano menor viviera. Eso fue lo que Cristo hizo por cada uno de nosotros. Derramó su propia sangre para darnos vida. «Él murió por nosotros para que... vivamos junto con él» (1 Tesalonicenses 5:10).

LA VENTANA

El señor Wilson y el señor Thayer, ambos gravemente enfermos, compartían una pequeña habitación en un hospital. La habitación era lo suficientemente grande para ambos: dos camas, dos armarios, una puerta al pasillo, y una ventana mirando al mundo.

Al señor Wilson, como parte de su tratamiento, se le permitía sentarse en la cama durante una hora en la tarde (algo relacionado con el drenaje de fluidos de sus pulmones). Su cama estaba al lado de una ventana. El señor Thayer, sin embargo, tenía que pasar todo el tiempo acostado boca arriba. Ambos tenían que permanecer quietos y callados, lo cual era la razón por la que tenían que estar en una habitación pequeña por sí solos. Sin embargo, ellos estaban agradecidos por la paz y privacidad. El bullicio, el ruido y los ojos indiscretos del público general no les afectaban en absoluto. Por supuesto, una de las desventajas de su condición era que no les era permitido hacer demasiadas cosas. No podían ni leer, ni escuchar la radio y desde luego nada de televisión. Tenían que pasar sus días quietos y callados, solamente los dos juntos.

Ellos pasaban largas mañanas hablando de sus esposas, sus hijos, sus hogares, sus trabajos, sus pasatiempos, lo que hicieron durante la guerra, dónde fueron de vacaciones. Cada tarde, sin embargo, cuando al señor Wilson lo levantaban para su hora, pasaba el tiempo describiendo lo que veía acontecer por la ventana junto a su cama. El señor Thayer comenzó a vivir por esa hora.

Al parecer, la ventana daba al parque con el lago donde estaban los patos y los cisnes, los niños echándoles pan y veleros de juguete navegando, y jóvenes enamorados caminando de la mano bajo los árboles. Había flores y tramos de grama, juegos de pelota, gente relajándose al sol, y justo al fondo, tras los flecos de los árboles, había una buena vista del perfil de la ciudad. El señor Thayer escuchaba todo esto, disfrutando cada momento de ello: un niño casi se cae al lago, bellas muchachas en sus trajes de verano caminando por el parque, el juego de pelota llegando a una emocionante conclusión, un niño jugando con su perro. Llegó al momento en el que casi podía ver lo que estaba sucediendo afuera.

Una tarde, cuando pasaba un desfile, el señor Thayer pensó: *¿Por qué tiene que ser Wilson el que esté junto a la ventana y disfrutar ver las cosas que suceden? ¿Por qué no puedo yo tener esa oportunidad también?* Se sintió avergonzado por pensar de esa manera, pero mientras más intentaba quitarse el pensamiento de la cabeza, más quería él ser el que viera todas esas cosas. Él haría cualquier cosa, y así lo sentía, por tener la oportunidad de estar junto a la ventana. A los pocos días el señor Thayer se había vuelto amargo. Él tenía que estar junto a la ventana. Perdió el sueño meditando en ello y cada vez se puso más enfermo, algo que los médicos no pudieron entender.

Una noche, mientras el señor Thayer miraba fijamente al techo, el señor Wilson de repente se despertó, tosiendo y ahogándose, con fluido congestionando sus pulmones. Sus manos buscaban el botón de llamada para avisar a la enfermera de inmediato. El señor Thayer no se movió. La tos trasegaba en la oscuridad. El señor Wilson tosió por última vez y seguidamente dejó de respirar. El señor Thayer continuó mirando fijamente al techo.
Por la mañana, cuando la enfermera de turno llegó a la habitación con agua para sus baños, encontró al

señor Wilson muerto. Sin bulla alguna, su cuerpo fue discretamente retirado.

Tan pronto como le pareció apropiado, el señor Thayer pidió si podía ser trasladado a la cama próxima a la ventana. El médico acordó permitirle que fuese trasladado, y la enfermera lo arropó, poniéndole bien cómodo. En cuanto le dejaron solo, se incorporó levemente de costado sobre su codo, dolorosa y laboriosamente para mirar por la ventana.

La ventana daba a una pared en blanco.

Aplicación:

Cuando estás viendo la televisión o vas al cine, ¿alguna vez has sentido que todos en el mundo están experimentando más de la vida que tú? ¿Que están divirtiéndose, haciendo cosas emocionantes, ganando premios, consiguiendo todas las cosas buenas? Así es exactamente como los medios de comunicación quieren que tú te sientas. Eso es lo que te hace volver a por más.

Cuando vivimos nuestras vidas a través de los medios de comunicación, los cuales son para muchos las ventanas del mundo, nos comenzamos a sentir como el señor Thayer se sintió: resentidos y envidiosos. Nos volvemos peligrosamente egocéntricos. Comenzamos a sentirnos privados de las cosas que son nuestras por derecho, y nos volvemos más y más insatisfechos con la vida.

Las mayoría de las veces, somos engañados por las imágenes de una realidad que no existe; imágenes que los medios de comunicación proyectan en una pared vacía. Estas imágenes representan un mundo que no existe. Cuando intentamos vivir como las imágenes que vemos o intentamos obtener todas las cosas que las emisiones publicitarias nos dicen que compremos, terminamos terriblemente decepcionados. ¿Por qué? Porque no es nada más que un espejismo proyectándose sobre una pared en blanco.

Jesús vino para liberarnos de ese espejismo. Vino para que pudiésemos vivir la vida al máximo, como realmente es. (Ver Juan 10:10). Él no nos toma el pelo con promesas vacías. En cambio, él vino para decirnos la verdad sobre nosotros, la verdad sobre el mundo en que vivimos, y la verdad de Dios. «Yo soy el camino, la verdad y la vida…» (Juan 14:6).

RIEGELS, VAS EN SENTIDO CONTRARIO

El día de Año Nuevo de 1929, el Georgia Tech jugaba contra el UCLA en el Rose Bowl. En ese partido un jugador de la UCLA llamado Roy Riegels recuperó un balón, pero de alguna forma se confundió y comenzó a correr en sentido contrario por el campo. Corrió sesenta y cinco yardas antes de que uno de sus compañeros, Benny Lom, lo parara justo frente a la línea de gol; sin no lo hubiese hecho, Riegels hubiese anotado puntos para el equipo contrario. UCLA no podía mover el balón a partir de ese punto del partido. Georgia Tech bloqueó el puntapié y anotó mediante un *safety* en esa jugada.

Puesto que esa extraña jugada había ocurrido en la primera mitad, todos los que estaban viendo el partido se estaban haciendo la misma pregunta: «¿Qué hará el entrenador Nibbs Price con Roy Riegels en la segunda mitad?». Los jugadores se marcharon del campo, entraron a los vestuarios, y se sentaron en los bancos y en el piso; todos excepto Riegels. Él se puso la manta sobre los hombros, se sentó en una esquina, se llevó las manos a la cara, y empezó a llorar como un bebé.

Un entrenador tiene mucho que decirle a su equipo durante el descanso, pero ese día, el entrenador Price estaba callado. No había duda de que estaba decidiendo qué iba a hacer con Riegels. Entonces entró el cronometrador y anunció que solo quedaban tres minutos para el comienzo de la segunda parte. Price miró a su equipo y simplemente dijo: «Hombres, el mismo equipo que jugó la primera mitad comenzará la segunda».

Los jugadores se levantaron y comenzaron a salir, todos excepto Riegels. Él no se movió. El entrenador miró atrás y lo llamó nuevamente; aun así no se movió. Price fue donde Riegels estaba sentado y dijo: «Roy, ¿no me oíste? El mismo equipo que jugó la primera mitad comenzará la segunda». Entonces Roy Riegels levantó su mirada y Price vio que sus mejillas estaban mojadas con lágrimas de un hombre adulto.

«Entrenador», dijo él, «no podría hacerlo por nada del mundo. Le he arruinado. He arruinado a la Universidad de California. Me he arruinado a mí mismo. No podría ponerme delante del público en ese estadio por nada del mundo».

Entonces el entrenador Price puso su mano sobre el hombro de Riegel y dijo: «Roy, levántate y regresa. Solo se ha jugado la mitad del partido». Y Roy Riegels regresó, y esos jugadores de Georgia Tech te pueden asegurar que nunca vieron a un hombre jugar al fútbol como lo hizo Roy Riegels en la segunda mitad.

(De «A Little Praise for Losers» de Haddon Robinson en *Christianity Today*, 26 de octubre de 1992).

Aplicación:

La gracia de Dios es como el entrenador Roy. En ocasiones nos sentimos como si hubiésemos fracasado tan mal que queremos rendirnos y tirar la toalla. Sin embargo, Dios no renuncia a nosotros. Él dice, «Levántate y sal afuera. El partido no ha terminado aún». El evangelio de la gracia de Dios es el Evangelio de la segunda oportunidad, y tercera oportunidad, y centenaria oportunidad. Perdemos control del balón continuamente, pero Dios nunca nos saca del partido. Él solo nos sigue animando.

TÚ TAMBIÉN PUEDES SER HERMOSA

La actriz Michelle Pfeiffer apareció en la portada de una revista con el subtítulo: «Lo que Michelle Pfeiffer necesita es… ¡Absolutamente Nada!».

Sin embargo, más tarde un periodista descubrió que, después de todo, Michelle Pfeiffer sí necesitaba algo. Ella necesitaba alrededor de $1.500 en retoques a su foto de portada. De la factura del retocador, esta es una lista parcial de las cosas que hicieron para que Michelle Pfeiffer se viese hermosa:

Limpiar la complexión, suavizar las líneas de los ojos, suavizar la línea de su sonrisa, añadir color a los labios, recortar su barbilla, remover las líneas del cuello, suavizar las líneas bajo sus orejas, añadir brillo a sus pendientes, añadir color a sus mejillas, limpiar el escote, remover cabellos sueltos, remover trenzas de su vestido, ajustar el color y añadir cabello a la coronilla de su cabeza, añadir un lateral al vestido para mejorar la línea, añadir mentón, añadir vestido al hombro, suavizar los músculos del cuello un poco, limpiar y suavizar los dobleces del vestido bajo su brazo, y crear una costura en la imagen al lado derecho.

Precio total: $1.525.00

Aplicación:

¡Cualquiera puede ser hermoso con un trabajo de retoque de $1.500! Tenemos que tener cuidado de no compararnos desfavorablemente con las estrellas de los medios de comunicación y con la gente que aparenta ser perfecta y tenerlo todo. Esa gente son como tú y como yo: tienen un profundo deseo de amor y significado. Muchos de ellos creen que pueden encontrar amor y significado siendo famosos o glamorosos. No creas tal mentira. «El hombre mira lo que está delante de sus ojos, pero Jehová mira el corazón» (1 Samuel 16:7, RVR 1960).

ÍNDICE TEMÁTICO

ABUSO DE SUSTANCIAS (Véase también DROGAS)
Esquimales Cazalobos

ACEPTACIÓN
Regresando a Casa

ACTITUD
El Mejor Bateador del Mundo
La Sarna de Kebbitch

AGRADECIMIENTO
La Sarna de Kebbitch
La Tentativa de Suicidio

AMISTAD
El Oso en la Cueva
El Regalo del Ermitaño
El Bote Salvavidas
Verdaderos Amigos
La Merienda de las Tortugas

AMOR, INCONDICIONAL (DE DIOS)
El Oso en la Cueva
La Bella y la Bestia
La Cita a Ciegas
El Barco en el Escaparate
El Revuelto de Brandon
Escogiendo a María
Regresando a Casa
Termina la Carrera
El Beso
El Bote Salvavidas
Perro Perdido— Recompensa $50
¿Qué Vida?

AFIRMACIÓN
Teddy y la Señorita Thompson

ALCOHOL
El Dependiente de la Tienda de Comestibles

ALEGRÍA
El Ataúd
Las Roscas Invertidas
La Tentativa de Suicidio

APARIENCIA
La Cita a ciegas
Perro Perdido— Recompensa $50
Tú También Puedes Ser Hermosa

APRENDIZAJE
La Botella

AUTOIMAGEN
La Cita a Ciegas
Nacidos para Volar
Escogiendo a María
El Guante
El Rompecabezas
El Beso
El Bote Salvavidas
La Niña y el Piano
Perro Perdido— Recompensa $50
Sparky, el Perdedor
Riegels, Vas en Sentido Contrario
Tú También Puedes Ser Hermosa

AUTORIDAD
El Buque de Guerra y el Faro

AVENTURA
Grandes Aventuras

AYUDA
La Gran Roca

BIBLIA
El Buque de Guerra y el Faro
Los Hombres Ciegos y el Elefante
El Candidato
Con Amor, Julie
El Príncipe de Granada

BONDAD
Escogiendo a María
El Regalo del Ermitaño
Teddy y la Señorita Thompson

CARÁCTER
La Mujer de Sociedad

COMPROMISO
Cuidado con Curare
La Gallina y el Cerdo
La Gracia Computadorizada
Termina la Carrera

El Guante
Cómo Atrapar a un Mono
Jesús y el Equipo de Fútbol
La Reina de Inglaterra
Decisiones Correctas
Sparky, el Perdedor
Telémaco Va a Roma
Tomás Edison, el Fracasado
La Cuerda Floja y la Carretilla
Demasiados Maquinistas

COMUNICACIÓN
El Candidato
Pepe Rodríguez
El W.C.

COMUNIDAD
Los Hombres Ciegos y el Elefante
Regresando a Casa
Formación en V
El Regalo del Ermitaño
La Reclamación de Seguro
El Bote Salvavidas
El Cuadro de la Última Cena
Verdaderos Amigos
La Merienda de las Tortugas

CONFIANZA
El Oso en la Cueva
El Precipicio
Pepe Rodríguez

El Secreto
La Cuerda Floja y la Carretilla
La Merienda de las Tortugas

VERDAD
Con Amor, Julie
La Ventana

CRECIMIENTO
El Niño y el Circo

CRITICANDO A OTROS
El Ladrón de Galletas

LA CRUZ DE CRISTO
La Picadura de Abeja
La Sangre de un Vencedor
El Barco en el Escaparate
Comprados para Ser Libres
El Beso
Parto de Ovejas en Nueva Zelanda
Perro Perdido—Recompensa $50
No Tiene Mucho de Hombre
Verdaderos Amigos
Telémaco Va a Roma
Las Tres Hiladoras
¿Cuándo Muero Yo?

DESCONCIERTO
El Ladrón de Galletas

DETERMINACIÓN (Véase también COMPROMISO)
El Mejor Bateador del Mundo
Determinación Intransigente

DEVOCIÓN (A DIOS), DEVOCIONALES
El Mercader de Diamantes
El Dependiente de la Tienda de Comestibles
Afila Tu Hacha

DINERO
Cómo Atrapar a un Mono
Con Amor, Julie
Pepe Rodríguez
La Mujer de Sociedad

DIOS
La Gran Roca
La Cita a Ciegas
Los Hombres Ciegos y el Elefante
El Rompecabezas
El Secreto

DISCIPLINA
La Polilla Emperatriz
Afila Tu Hacha

DISCIPULADO
Alejandro Magno
Una Respuesta a la Oración
Obediencia Imponente
El Buque de Guerra y el Faro
Cuidado con Curare
Grandes Aventuras
La Botella
Comprados para Ser Libres
El Niño y el Circo
Atrapados en una Tormenta de Nieve
La Gallina y el Cerdo
El Precipicio
El Mercader de Diamantes
Afrontar las Consecuencias
El Guante
Jesús y el Equipo de Fútbol
La Estación Salvavidas
Una Noche en la Casa Encantada
Eliminado en el Plato
El Cuadro de la Última Cena
La Reina de Inglaterra
Las Roscas Invertidas
Decisiones Correctas
Termómetros y Termostatos
Demasiados Maquinistas
¿Qué Vida?

DIVERSIÓN
Grandes Aventuras

DONES, DAR
El Guante
La Niña y el Piano
Sparky, el Perdedor

DROGAS
Grandes Aventuras
El Dependiente de la Tienda de Comestibles

DUDA
Huellas en la Arena

EGOÍSMO
Cómo Atrapar a un Mono

ELECCIÓN
Escogiendo a María

ENGAÑO
Afrontar las Consecuencias

ENVIDIA
La Ventana

ESCUCHAR
El Candidato

ESPERANZA
Las Carreras de Galgos
El Irremediable Partido de Béisbol
La Sarna de Kebbitch

ESPIRITUALIDAD
Atrapados en una Tormenta de Nieve
El Mercader de Diamantes
Afrontar las Consecuencias
El Candidato
El Cuadro de la Última Cena

ESTRÉS, CONFLICTOS
La Polilla Emperatriz
Los Magníficos Wallendas

EVANGELISMO
Obediencia Imponente
El Payaso del Circo
El Mercader de Diamantes
Proclamando la Palabra
El Fuego de Aníbal
La Estación Salvavidas
La Refinería de Petróleo
Ya Te Avisaremos

EXPECTATIVAS
El Rompecabezas

EXPIACIÓN
La Sangre de un Vencedor
Parto de Ovejas en Nueva Zelanda
¿Cuándo Muero Yo?

FAMILIA
El Revuelto de Brandon
La Merienda de las Tortugas
¿Cuándo Muero Yo?

FE
Jesús y el Equipo de Fútbol
El Príncipe de Granada

La Cuerda Floja y la Carretilla

FRACASO
La Gracia Computadorizada
El Mejor Bateador del Mundo
Decisiones Correctas
Sparky, el Perdedor
Tomás Edison, el Fracasado
Riegels, Vas en Sentido Contrario

FUERZA, PODER
La Gran Roca
Nacidos para Volar
Huellas en la Arena

GRACIA
El Revuelto de Brandon
La Gracia Computadorizada
Las Tres Hilanderas
Riegels, Vas en Sentido Contrario

HÁBITOS
Esquimales Cazalobos

HONESTIDAD
El Conejo de Bonny
Con Amor, Julie
Pepe Rodríguez

HUMILDAD
No Tiene Mucho de Hombre

HUMILLACIONES
El Regalo del Ermitaño
Teddy y la Señorita Thompson

IGLESIA
Los Hombres Ciegos y el Elefante
El Payaso del Circo
Formación en V
Los Magníficos Wallendas
El Regalo del Ermitaño
La Reclamación de Seguro
El Rompecabezas
La Estación Salvavidas
La Refinería de Petróleo
Verdaderos Amigos
Ya Te Avisaremos

JESÚS
El Buque de Guerra y el Faro
Termina la Carrera
El Cuadro de la Última Cena

JUICIO
Afrontar las Consecuencias

JUZGAR
El Ladrón de Galletas

LIBERTAD
La Bella y la Bestia
Comprados para Ser Libres

LIDERAZGO
La Reclamación de Seguro

LUZ, TINIEBLAS
El Espejo

MATERIALISMO
Cómo Atrapar a un Mono
El Lío en la Joyería
Las Roscas Invertidas
La Mujer de Sociedad

MEDIOS DE COMUNICACIÓN
La Ventana
Tú También Puedes Ser Hermosa

MIEDO
El Precipicio
Una Noche en la Casa Encantada
Determinación Intransigente

MILAGROS
El Conejo de Bonny

MINISTERIO
Atrapados en una Tormenta de Nieve
Escogiendo a María
Formación en V
La Reclamación de Seguro
Poniendo Ladrillos o Construyendo Catedrales
La Niña y el Piano

ILUSTRACIONES INOLVIDABLES | 141

La Refinería de Petróleo
La Reina de Inglaterra
Teddy y la Señorita Thompson
Termómetros y Termostatos

MISIÓN Y SERVICIO
Una Respuesta a la Oración
Nacidos para Volar
Atrapados en una Tormenta de Nieve
El Payaso del Circo
Formación en V
El Guante
El Fuego de Aníbal
La Reclamación de Seguro
Colocando Ladrillos o Construyendo Catedrales
La Niña y el Piano
La Refinería de Petróleo
La Reina de Inglaterra
Telémaco Va a Roma
Termómetros y Termostatos
¿Qué Vida?

MUERTE
El Ataúd

NAVIDAD
El Beso
Rodolfo y Olivia
Teddy y la Señorita Thompson

OBEDIENCIA
Alejandro Magno
Una Respuesta a la Oración
Obediencia Imponente
El Buque de Guerra y el Faro
Nacidos para Volar
El Precipicio
Afrontar las Consecuencias
El Dependiente de la Tienda de Comestibles
Jesús y el Equipo de Fútbol
Las Roscas Invertidas
Determinación Intransigente
Ya Te Avisaremos

ORACIÓN
Afila Tu Hacha

PROBLEMAS
El Oso en la Cueva
La Picadura de Abeja
La Gran Roca
El Precipicio
La Polilla Emperatriz
Termina la Carrera
Los Magníficos Wallendas
Huellas en la Arena
El Mejor Bateador del Mundo
El Fuego de Aníbal
La Sarna de Kebbitch
Decisiones Correctas
La Tentativa de Suicidio
Tomás Edison, el Fracasado

PECADO
El Conejo de Bonny
El Ataúd
Canicas Mortales
Esquimales Cazalobos
Francia, 1943
Las Tres Hilanderas
Tractor de Competición

PERDÓN
El Revuelto de Brandon
La Gracia Computadorizada
El Irremediable Partido de Béisbol
El Cuadro de la Última Cena
El Secreto
Las Tres Hilanderas
Tractor de Competición
La Merienda de las Tortugas
Riegels, Vas en Sentido Contrario

PERSECUCIÓN
No Tiene Mucho de Hombre

PERSEVERANCIA (Véase también COMPROMISO)
Riegels, Vas en Sentido Contrario

PERSPECTIVA
Con Amor, Julie

POTENCIAL
Nacidos para Volar
El Niño y el Circo

PRESIÓN DE GRUPO
Termómetros y Termostatos
Demasiados Maquinistas
Determinación Intransigente

PROPÓSITO, SIGNIFICADO
Las Carreras de Galgos
El Cuadro de la Última Cena

PUBLICIDAD
Cómo Atrapar a un Mono

RECUPERACIÓN, RESTAURACIÓN
La Gracia Computadorizada

REINO DE DIOS
El Lío en la Joyería
Las Roscas Invertidas

RESPONSABILIDAD
Excusas, Excusas

SACRIFICIO
El Oso en la Cueva

SALVACIÓN
La Bella y la Bestia

La Picadura de Abeja
La Sangre de un Vencedor
El Barco en el Escaparate
La Botella
Comprados para Ser Libres
El Niño y el Circo
El Revuelto de Brandon
La Gallina y el Cerdo
Escogiendo a María
El Ataúd
Excusas, excusas
Las Carreras de Galgos
El Dependiente de la Tienda de Comestibles
El Fuego de Aníbal
Parto de Ovejas en Nueva Zelanda
Salto de Longitud
Perro perdido—Recompensa $50
Eliminado en el Plato
El Príncipe de Granada
El Joven Más Inteligente del Mundo
Las Tres Hilanderas
Demasiados Maquinistas
¿Cuándo Muero Yo?

SATANÁS
Francia, 1943
No Tiene Mucho de Hombre

RESPONSABILIDAD
Excusas, Excusas

SABIDURÍA
El Joven Más Inteligente del Mundo

TESTIGOS
Obediancia Imponente
El Payaso del Circo
El Mercader de Diamantes
Proclamando la Palabra

SERVIDUMBRE (Véase MISIÓN Y SERVICIO)

SEXO
Esquimales Cazalobos

SUFRIMIENTO
La Polilla Emperatriz

SUICIDIO
La Tentativa de Suicidio

TALENTOS, HABILIDADES (Véase también DONES)
El Guante
La Niña y el Piano
Sparky, el Perdedor

TELEVISIÓN
Francia, 1943
Con Amor, Julie
La Ventana

TENTACIÓN
Esquimales Cazalobos

TIEMPO
La Merienda de las Tortugas

TOMA DE DECISIONES
Decisiones Correctas
El Joven Más Inteligente del Mundo

TRABAJO
Colocando Ladrillos o Construyendo Catedrales
Afila Tu Hacha

ADORACIÓN
Colocando Ladrillos o Construyendo Catedrales

UNIVERSIDAD
Con Amor, Julie

VALORES
Francia, 1943
El Lío en la Joyería
Con Amor, Julie
Las Roscas Invertidas
La Mujer de Sociedad

VIDA
¿Qué Vida?
La Ventana

VIDA CRISTIANA
El Espejo

VISIÓN
Una Noche en la Casa Encantada
El Cuadro de la Última Cena
Voluntad de Dios
El Precipicio
Determinación Intransigente

*Nos agradaría recibir noticias suyas.
Por favor, envíe sus comentarios sobre este libro
a la dirección que aparece a continuación.
Muchas gracias.*

*Vida@zondervan.com
www.editorialvida.com*

www.ingramcontent.com/pod-product-compliance
Lightning Source LLC
LaVergne TN
LVHW061216060426
835507LV00016B/1960